한스 요나스의 『사고의 통합』

한스 요나스의
『사고의 통합』

| 데이비드 J. 레비 지음 ▪ 심용만 옮김 |

철학과현실사

감사의 말과 헌정

내가 이 책을 쓰는 동안
에르하르트재단이 보여준 관대한 지지에
깊은 감사를 드리고 싶다.
이 책은, 아직 미완성인 "질서의 해석학"이란
거대한 프로젝트의 일부분으로 나타나게 되었다.

이 책을
나의 동료인 조나단과
테레사 심선에게 바친다.
그들이 없었으면
이 책은 결코 쓰여지지 않았을 것이다.

■약 어

GR : 한스 요나스, 『그노시스적 종교 : 낯선 신의 메시지와 기독교의 시작 (*The Gnostic Religion : The Message of the Alien God and Beginnings of Christianity*)』. 보스톤 : 비콘출판사, 1963.

IR : 한스 요나스, 『책임의 명법 : 기술공학 시대에서의 윤리학의 탐구(*The Imperattive of Responsibility : In Search of an Ethics for the Technological Age*)』. 시카고 : 시카고대 출판사, 1984.

MM : 한스 요나스, 『가사성과 도덕성 : 아우슈비츠 이후의 선에 대한 고찰 (*Mortality and Morality : A Search for the Good after Auschwitz*)』. 노스웨스턴대 출판사, 1996.

PE : 한스 요나스, 『철학적 에세이 : 고대의 신조로부터 기술공학적 인간까지(*Philosophical Essays : From Ancient Creed to Technological Man*)』. 시카고 : 시카고대 출판사, 1980.

PL : 한스 요나스, 『생명의 현상 : 철학적 생물학에 대하여(*The Phenomenon of Life : Toward a Philosophical Biology*)』. 뉴욕 : 하퍼 앤 로, 1963.

이 책은 데이비드 레비(David J. Levy) 교수의 『사고의 통합(*The Intergrity of Thinking*)』을 우리말로 완역한 것이다. 이 책에는 한스 요나스(Hans Jonas : 1903~1993)의 사상이 전기사적으로 잘 나타나 있다.

21세기에는 인간의 생명을 대상으로 유전자의 조작과 인간의 복제 등이 나타나기 시작하였으며, 최근의 기술 과학은 우리를 위험 지대에 빠지게 하기도 한다. 이 상황에서 요나스는 우리들에게 생명 사태의 긴박성을 직시하게 하고, 그 기술로부터 유래하는 위험을 예방하기 위해 새로운 윤리를 찾아야 한다고 역설하고 있다.

요나스는 아직 국내에 잘 알려져 있지 않은 학자인데, 그의 생애와 사상을 간략하게 살펴보면 다음과 같다.

요나스는 프라이부르크대, 베를린대, 하이델베르크대, 마르부르그대 등에서 철학과 신학, 예술사를 공부하고, 1928년에 하이데거와 불트만의 지도 아래 그노시스 개념에 관한 논문으로 박사학위를 받았으며, 1933년에 영국을 거쳐 1935년에는 팔레스티나로 망명하였다. 그는 1949년에는 캐나다를 거쳐 1955년 이후에는 미국으로 이주하였는데, 예루살렘대·맥길대·칼레톤대 등에서 강의를 했으며, 프린스턴대·콜롬비아대·뮌헨대 등에서 객원교수를 지내기도 했다. 특히 1955년에서 1976년까지는 뉴욕의 '사회과학연구소(New School for Social Research)'에서 교수를 지냈다.

요나스의 사상은 레비 교수의 이 책을 통해 잘 살펴볼 수 있는데, 본론의 내용을 간략하게 요약해보면 다음과 같다.

제1장 '시대의 사상가'에서는, 요나스의 인간에 대한 윤리적 책임성이라는 문제는 우리의 현재의 위상과 미래에 대한 전망을 제공하는 것으로서, 요나스와 동시대에 살던 유명한 사상가들의 연구와는 다른 것이었고, 따라서 요나스의 철학이 그 이전보다 훨씬 더 넓은 독자층을 가질 만함을 보여주고 있다.

요나스 글의 명료성은 그의 깊은 사고의 특별한 통합과 잘 어우러져 있는데, 통합이라고 하는 것은 두 가지 의미를 가지고 있다고 한다. 첫째는 뵈겔린과 유사하면서도 하이데거와 다른 그의 철학은 세계 속에서의 인간 존재의 본질에 대한 지적인 설명을 제시할 때 과학적 탐구와 질문들을 함께 견지하고 있으며, 그의 저서는 결코 신비스럽지 않다는 것이다. 둘째는 인간 실존에 대한 설명에서 다양한 방식으로 인간 경험의 다양성을 포함시키려 했다는 점이다. 이러한 그의 박학다식한 열망은 그 범주에서 순전히 아리스토텔레스적인데, 그의 열망이 고대 신화와 종교에 대한 그의 초기 연구에서 시작하여 자연철학을 거쳐 그의 생애의 마지막을 장식한 압도적인 기술공학 시대에서의 윤리학 위상에 대한 연구에 이르기까지의 그의 저술들을 일관성 있게 통합시켜주고 있다는 것이다.

레비 교수는, 요나스를 기술공학적으로 조건화된 지구화 시대에서 칸트와 동등한 중요성을 가진 상당한 인물로 평가하고 있다.

제2장 '그노시스, 이성 그리고 존재의 도전'에서는, 그노시즘 자체가 당연히 중요한 정신적인 현상이고, 그노시즘의 고대의 형태에 대해 어떤 것을 안다는 것은 우리에게 기독교의 정체성과 우리 조상의 문명의 역사적 형성을 이해하는 데 도움을 준다고 요나스는 보고 있으며, 그노시즘의 현상을 더 길게 연구하면 할수록, 그는 그노시즘의 독특한 세계관과, 하이데거의 실존주의에 의해 대표되는 현대인의 세계관 사이에 존재하는 태도적인 평행을 보게 된다고 기술한다.

레비 교수에 따르면 요나스 철학은 특히 현대적이며 회복적 철학으로 특징화할 수 있는데, 우리가 회복해야만 하는 것은, 첫째로 실천철학의 개념, 즉 아리스토텔레스가 프락시스(praxis)라 불렀던 것의 의미이고, 둘째로 그리스 사람들이었더라면 우주적 경건, 즉 내적인 구조에 대한 가정적 관점 혹은 존재론적 통합으로 묘사했었을지도 모르는 것들의 의미를 우리 자신의 내부에서 계발해야 한다고 보고 있다. 따라서 요나스의 윤리학 개념은 형식에서는 칸트주의자적인 반면에 내용에서는 실천철학의 형식으로서의 아리스토텔레스적인 윤리학 개념에 더 가깝다고 보고 있다.

제3장 '유기체와 생명의 철학'에서는 『생명의 현상 : 철학적 생물학을 향하여』라는 에세이에서 다루고 있는 문제를 거론하는데, 인간 그리고 에너지를 갖고 있는 물질인 우주라는 범위에서 다루고 있다.

요나스는 그의 주제를 "생물학적 사태에 대한 '존재론적' 해석"을 제공하려는 시도에 국한시킨다. 요나스가 관찰한 바에 따른 "현대 실존주의"는 오직 인간에게만 있는 것인데, 이것은 상당 부분이 유기체의 존재 그 자체에 뿌리박혀 있는 유일한 특권이며 범주로서 주장되는 경향이 있다.

레비 교수는 요나스의 자연철학이 19세기의 선행자인 셸링(Schelling)의 자연철학보다 우월하고, 심지어 20세기의 화이트헤드(Whitehead)의 유기체 철학보다 우월하다고 보고 있다.

요나스는 진화론이 어떤 형이상학적 비판이 행했던 것보다 더 효과적으로 데카르트의 저서를 파괴했다고 보았다. 도구(tool), 그림(image), 무덤(tomb)의 세 가지 차원의 표현으로, 인간은 같은 기원의 앞서 존재하는 다른 형태들과 생물학적으로 관련되어 있다고 보았다.

요나스는 신진대사가 생명 자체의 통일된 징표이고, 바로 그것이 생물을 무생물적인 물질과 본질적으로 구별시켜주는 특수한 차이점이라고 보며, 신진대사는 존재론적 자유의 첫 번째 형식이라고 한다.

제4장 '인간학과 인간의 정체성'에서, 요나스는 자신의 철학적 인간학은 하이데거의 '현존재'의 존재론과는 달리, 기술적·분석적이고 이론적일지라도, 인간의 자연과학과 문화과학(역사와 생물학)을 사려 깊게 사용하고 검토함으로써 그 내용이 충실하다고 하였다. 그럼으로써 자신의 철학적 인간학은 실천의 영역인 구체적 행위와 선택을 안내하는 근원이 될 수 있다고 기술한다.

요나스는 인간의 일반적 인간성으로 인간이 의미하는 것을 분석한다. 우선은 생물학적 불변의 것들이 있는데, 생물학적 수준으로부터 문화적 수준으로 옮겨감으로써, 우리는 인간의 생산물들이 인간 본성의 공통성을 나타내는 것임을 발견한다. 발견된 인간 가공품은 도구(tool), 그림(image), 무덤(tomb)으로 정형화된 세 가지 범주에 속한다. 요나스가 말하길, 이러한 범주들은 나중에 물리학, 예술과 형이상학의 발전을 예시한다.

제5장 '기술공학 시대의 윤리학과 책임'에서, 요나스는 "공포의 발견술(heuristics of fear)"이라 부르는 것에 의해 우리가 인도되길 제안하면서, 우리는 무엇이 우리가 행하는 것의 가장 나쁜 결과가 될 것인가를 언제나 상상하도록 우리 자신을 교육해야만 한다는 것을 말하고 있다. 그는 유토피아적인 마르크스 이론가인 에른스트 블로흐(Ernst Bloch)가 "희망의 원리"라고 부른 것에 반대한다.

그리고 윤리학에서는 '~하라(thou shalt)'보다 '~하지 말라(thou shall not)'가 우위에 있다고 본다. 악으로부터의 경고는 '~하라'는 긍정보다 단호하고, 더욱 긴급하다고 본다.

요나스는 칸트가 그것을 공식화한 것처럼, 정언 명법은 명령, 즉 "너의 행위의 준칙이 보편적 입법의 원칙에 맞도록 그렇게 행위하라"이나, 오늘날의 세계의 변화된 환경 안에서 이것은 이제 재공식화되어야 한다고 보고, "너의 행위의 결과가 순수 인간 생명의 영속에 적합하도록 그렇게 행위하라" 혹은 "당신의 현재의 선택에서 미래를 당신 의지의 대상물 중 인간의 전체성에 포함시켜라"로 바꾸어 표현한다.

레비 교수는 칸트의 명령은 본질적으로 사적이고, 다른 개인들을 다루는 데에서 원초적으로 개인에게 초점(민간인의 윤리)이 맞추어지는 반면, 요나스가 재공식화한 것은 필연적으로 총체적이고 정치적이라 할 수 있다고 한다. 그것은 정치가들에게 초점이 맞추어져 있고, 그것은 도덕적 행위자들이 자연의 운명과 미래의 운명을 받아들일 수 있는 공공 정책의 문제들에 대해 관심을 가질 것을 요구한다. 여기서 우리는 다시 한 번 요나스의 사상에서 혁신과 회복의 특징적인 결합을 발견하게 된다는 것이다.

요나스의 윤리론은 인간을 그 자체로 가치가 있는 목적으로 다루도록 하는 정언 명법의 재공식화를 구체화하는 형식에서는 칸트적인 반면, 동료들에 대한 책임이 인간, 즉 도덕적 행위자의 지속된 생존이 의존하고 있는 자연의 관리에 대한 우리의 책임과 불가분하다고 인식되는 한에는 내용적으로 아리스토텔레스적이라 할 수 있다. 요나스는 그 어떤 동시대인보다 더 아리스토텔레스에 가까운 사상가다. 더 이상 그는 헤겔적인 원형 안의 역사적 관념론자가 아니다.

제6장 '신학적 전망'에서는 칸트를 따라, 요나스는 신학을 "이성의 사치품"이라 묘사한다. 신의 믿음은 논리적 요구나 형이상학의 전제 조건이 아니라 사변적 가능성으로 본다. 그것의 확신은 믿음의 행위에 의해서만 주어질 수 있다는 것이다.

로렌스 보겔은 요나스의 신학을, 20세기 유대 역사를 분명하게 나타내주는 사건으로서의 홀로코스트(Holocaust)의 경험에 의해 잊을 수 없게 기록된 현대 유대 신학의 맥락에 놓고 보고 있다. 요나스의 삶에 비친 영향과 유럽 유대인을 대량 살상한 나치에 의해 제기된 선한 창조자에 대한 끊임없는 유대인의 믿음에 대한 난제들을 요나스의 신학적 저술들에서 무시할 수 없다는 것이다.

요나스는 내면적인 "우주 발생론적 로고스(cosmogonic logos)"의 사상을 루드비히 클라게스에 의해 처음으로 만들어진 "우주 발생론적 에로스(cosmogonic eros)"의 사상과 "아주 가까운 것"으로 인식했다. 요나스는 그의 신학을 "세계"의 구조가 '현존재'의 존재 안에서 '눈앞에 있는(Vorhanden)', 인습적인 하이데거적 실존주의의 형태 안에서처럼 구성하려는 것이 아니라, 현대 과학이 존재의 질서를 이해하는 것과 일치해서 그의 신학을 구성한다.

"당신은 우리를 도울 수 없으나 우리는 당신을 도와야만 하고 그렇게 함으로써 우리는 궁극적으로 우리 자신을 도울 수 있다."

제7장 '철학과 미래'에서는, 현대의 거대 기술공학에 의한 지구 파괴의 위협과 소련의 붕괴의 결과로서 냉전이라는 공포의 균형이 깨지면서 생긴 지구 파괴의 위협에서 전자가 후자보다 더 위협적이며 급박한 위협임을 보여준다. 로렌스 보겔에 의하면, 요나스는 생태학적으로 지향된 철학자이나 "생명의 평등주의자"다.

레비 교수는 마지막으로, 만약 이 책이 시대의 격동 속에서 요나스의 목소리를 더 넓게 듣게 하는 어떤 것이라면, 그러면 최소한 그것의 목적은 충족된 것이라고 하며, 이것보다 더 많이, 주석자가 그렇게 하길 기대할 수는 없다고 한다.

이 책은 역자가 윤리학, 특히 요나스의 사상을 연구하던 중 입수하게 되었는데, 이 책에 있는 요나스 사상에 대한 서술이 요나스를 이해하려는 전공 혹은 비전공자들에게 아주 적합한 소개서가 될 수 있다는 생각으로 번역하게 되었다. 만약 이 책이 기대만큼의 성과를 거두지 못한다면 그것은 전적으로 역자의 책임이라 생각한다.

레비 교수의 수사학적 표현과 난해한 만연체 문장은 번역에 많은 어려움을 주었으며, 이를 자연스럽게 표현하는 일이 역자에게는 아무래도 역부족이었음을 고백하지 않을 수 없다. 따라서 부적절한 표현과 오역(誤譯)이 있을 수 있는데, 이를 독자들께서 지적해주시면 곧바로 수정할 것을 약속드린다.

이 책을 번역하는 과정에서 역자에게 베풀어준 맹미희 선생님의 고마움은 이루 말로 다 표현할 수가 없다. 맹미희 선생님은

역자가 번역한 문장에서 오역을 바로잡아 수정해주셨으며, 문장
을 세련되게 손질하는 수고까지 해주셨다.

　마지막으로 아무런 조건 없이 한국어 판권을 허락하신 레비
교수께 감사를 드린다. 또한 나의 스승이신 고려대 철학과 임홍
빈 교수님과 여러 선생님들께 감사를 드리며, 나를 항상 뒤에서
지원해주는 가족들과 그리고 이 책의 출판을 기꺼이 맡아주신
<철학과현실사>에도 깊은 감사를 드린다.

2003년 　3월

고려대 합연실에서 　심 용 만

차 례

제 1 장
시대의 사상가

　1974년에 한스 요나스(Hans Jonas)는 철학 에세이 모음집을 출판했다. "고대의 신조로부터 기술공학적 인간까지(From Ancient Creed to Technological Man)"라는 부제를 달고 있는 이 책은 그의 사상의 폭이 대단히 넓다는 것을 보여주고 있다. 요나스는 20세기의 잘 알려진 사상가들 중의 한 사람은 아니었다. 그러나 나의 견해로는, 요나스는 가장 유명한 사상가 중의 한 사람이라 할 수 있으며, 우리가 그 이전에는 상정하지 않았던 인간 의지라는 영역으로 영역을 전례 없이 확장시킨 시대에 나타난 새로운 문제들과 씨름하게 될 때, 그의 저서가 중요하다는 것이 우리에게 더욱더 분명해질 것이다. 이 책에서, 나는 그러한 이유와 또한 독일의 철학적 전통의 특별한 산물인 저술들이, 그 저술들을 잉태하게 한 주변 상황들을 훨씬 뛰어넘으면서 어떻게 적절성과 총론을 갖게 되었는가를 보여주려고 한다.

　첫 번째 장에서 나는, 요나스의 생애 및 그가 살던 시대의 여러 사건들에 응답하면서 발전되었고 또한 그의 사상적 배경이 된 주변 환경들에 대해서 간략하게 서술하고자 한다. 그렇게 함으로써, 아우구스티누스(St. Augustine)의 자유 의지의 문제에 대한 연구 및 고대 그노시즘(Gnosticism. 일명 '영지주의'라고도 하는데, 이는 지식을 의미하는 헬라어 'gnosis'에서 비롯된 것이다 : 역자 주)에 대한 연구와 함께 시작한 요나스의 생명의 문제에 대한 연구가 어떻게 자연철학 및 인간의 윤리적 책임성에 대한 연구를 포괄할 수 있었는가를 보여주고자 한다. 하이데거(Heidegger)의 용어로 "존재의 지킴이(the shepherd of Being)"로서의 요나스의 인간의 윤리적 책임성이라는 문제는 우리의 현재의 위상과 미래에 대한 전망을 제공하는 것으로써 그것이 지니는 힘과 지혜에서 요나스와 동시대에 살던 유명한 사상가들의 연구와는 다른 것이었다. 따라서 요나스의 철학은 그 이전보다 훨씬 더 넓은 독자층을 가질 만하다.

내 생각으로는, 우리가 직면한 세계 속에서 주어진 여러 문제점들을 볼 때 요나스 철학은 정당화 될 수 있다. 우리가 직면한 세계에서 증가일로에 있는 변화하는 인간학과 그에 따른 기술공학은 인간 지혜의 영역에서 잠재적으로 지구 파괴의 결과들을 다룰 수 있는 어떤 대체물도 발견하지 못하고 있다. 요나스는 무엇보다도 철학자였으나, 그의 심사숙고에 의해 도출된 여러 주제들은 단순히 학문적으로만 중요한 시도는 아니다. 한 시대에서 교양 철학은 많은 부분에서 시대를 움직이고 자극시키는 커다란 이슈들로부터 나오게 되는 것인데, 요나스의 저서는, 엄격히 고양된 철학적 사고의 방법을 통하여, 우리의 미래가 걸려 있으며 우리가 결정해야 할 문제들을 분류할 수 있도록 해주고 있다. 다행히도 요나스는 그의 동료 철학자와 달리 깊이 있는 사상가였을 뿐만 아니라, 영어가 모국어가 아니었기 때문에 훨씬 남다른 문체로 분명하게 썼다. 실제로 그의 저서의 뛰어난 특징 중의 하나는 즐겁게 글을 읽어 내려갈 수 있도록 해주는 명확한 말솜씨라 할 수 있다. 이것은 바로 그가 독일 출생의 사상가며 하이데거에게 수학한 사람임을 분명하게 해주는 것으로, 요나스 저서에서의 가장 특별한 것들 중의 하나다. 이러한 명료함은, 우리 시대에 팽배해 있는 지나친 지적 허튼 소리들에 대한 끊임없는 질책을 다루면서, 요나스적 이슈들의 복잡성이 손상되지 않은 상태에서 얻어져야만 한다.

요나스 글의 명료성은 그의 깊은 사고의 통합과 잘 어우러진다. 여기서의 통합이라고 하는 것은 두 가지 의미에서인데, 그 하나는 그의 저서가 바람직한 정직한 접근을 하고 있다는 것이다. 요나스는 그의 연구의 여정이 그를 단순히 가정적인 방향으로 흐르고 있을 때나 혹은 그의 사고들의 사변적인 본질뿐만 아니라 그가 다루고 있는 문제에 직면해서, 자신의 사변들이 가치 있고 필수 불가결한 것임을 그가 확신하고 있다는 것을 제시해야 할 때 정직한 접근을 하고 있다. 즉, 요나스는 그의 첫 스승인 하이데거의 연구를 손상하는 사이비 시적인 폭발이나 또는 사람을 혼돈시키는 기술학으로 도피하여 이슈를 흐리게 하지 않는다.

요나스와 공정하게 비교될 수 있는 동시대의 위대한 동료인 에릭 뵈겔린(Eric Voegelin)처럼, 요나스 철학은 그토록 이루고자 했던 경험적 요소로의 완전한 통달에 도달했다. 뵈겔린과 유사하고 하이데거와 다른 그의 철학은 세계 속에서의 인간 존재의 본질에 대한 지적인 설명을 제시할 때 과학적 탐구와 질문들을 함께 견지하고 있다. 그의 저서는 결코 신비스럽지 않다. 예를 들면, 그의 후기 저술들에서처럼 그가 신학적 탐구 영역에 들어 갔을 때, 그는 세계 초월적 신과 인간이 서로 연관성을 맺게 됨으로써 무엇인가를 구성하게 될지도 모를 것들에 대해서 조심스럽게 지적해주고 있다. 여기서 그는 인간의 궁극적 기원의 문제 및 무한한 창조의 과정 속에서의 유한한 부분이자 파트너로서의 운명에 대한 끊임없는 질문들에 대한 해답으로서의 사색적 본질을 솔직히 인정하고 있다. 역으로 시간적으로 공간적으로 그를 뛰어넘는 그리고 그러한 한계에서 긍정적 인식의 한계를 미리 벗어날 수 있는 과정 속에서, 그 스스로 의미 있는 존재임을 확보할 수 있는 방법을 찾고자 하는 합리적인 탐구라는 논리 하에서 사색적 본질을 인정한다.

그러한 문제에서 뵈겔린 혹은 하이데거와 달리 요나스는 생소하며 때로는 불필요하고 별로 도움이 되지 않는 어휘를 사용하여 독자들을 어리벙벙하고 혼동되게 할 수 있는 새로운 언어를 따로 만들어 사용하지 않으면서도 자신의 철학을 전달한다. 서로 관련이 있는 여러 문제들 및 신비한 것들과 씨름해온 다른 철학자들과 비교해볼 때, 요나스는 일상적으로 사용하는 평범한 언어들과 요나스 나름의 특별한 옳은 추론을 통합시키려는 것에 대해 대단한 확신을 가졌던 명료한 안내자였다. 그의 철학 강연에서 그는 자신의 독특성을 없애려는 데에서만 남달랐다. 그의 저서는 성과가 있었으며 종종 끊임없는 지적인 주의를 요구한다. 동시에 합리성이나 상식을 요구한다. 이러한 의미에서, 요나스는 이상을 추구하면서도 굳건히 현실에 뿌리를 내리고 있는 심오한 세계적인 철학자다.

또 다른 의미에서 요나스의 사고 통합이 뛰어난 것은 인간 실존에 대한 설명에서 다양한 방식으로 인간 경험의 다양성을 포함시키려 했다는 점이다. 이러한 그의 박학다식한 열망은 그 범주에서 순전히 아리스토텔레스적인데, 그의 열망이 고대 신화와 종교에 대한 그의 초기 연구에서 시작하여 자연철학을 거쳐 그의 생애의 마지막을 장식한 압도적인 기술공학 시대에서의 윤리학의 위상에 대한 연구에 이르기까지의 그의 저술들을 일관성 있게 통합시켜주고 있다. 이러한 그의 합리적 탐구의 통일성은 요나스 생애의 주변 환경 곳곳에 그 뿌리를 두고 있으며, 요나스가 살던 시대의 여러 문제들에 대해 그로 하여금 끊임없이 반응하도록 하면서 요나스 사상을 잉태하게 했다. 요나스에 대해 매튜 아놀드(Matteu Arnold)는 그의 친구인 아더 휴 크라우(Arther Hugh Clough)에게 "그는 삶을 꾸준히 살펴보았으며, 그것을 전체로 보았다"라고 말했다. 이러한 점이 지적이며 도덕적이며, 정신적인 엔트로피의 시대에서 요나스를 우리 시대의 전형적인 사상가로 만들어주는 것이다.

한스 요나스는 1903년에 독일계 유대인 가정에서 태어났다. 그 자신의 말에 의하면 그는 학문적으로 1920년대에 후설(Husserl), 하이데거(Heidegger), 불트만(Bultmann) 같은 사람들의 학파에서 영향을 받았다. 요나스 사상의 주제는 이러한 사상가들과 이들이 표방하고 있는 현상학적이고 실존적인 경향으로부터 영향을 받았다. 그러나 요나스는 진정한 철학적 탐구에서 구체적인 실험적 근원들을 고집하는 이들의 전례를 따르면서도 이들 학파에서 형성된 것들에 대해서만 의미가 통하는 경향으로부터는 탈피하고 있다. 이것이 그를 사상의 조류에서 존경할 만한 인물로 만들어주고 있다. 그의 사상의 조류는 영어를 사용하는 비평가들에 의해 종종 의심받기도 한다. 결과적으로 이들은 요나스 사상의 진정한 내용 및 그들의 분석적 스타일과는 대조적으로 대륙철학의 거장들이 철학의 기술적 문제들을 삶에서의 긴박한 여러 문제들과 연결시키려는 것들까지도 놓치고 있다. 요나스의 경우에, 그의 사상의 방향에 결정적으로 영향을 미쳤으며, 그의 대부분의 저술들에서 실제적 방향성을 제시하도록 만든 것은 나치즘의 발발에 직면한 젊은 독일계 유대인 학자가 안고 있는 문제였다.

칼 뢰비스(Karl Löwith), 한나 아렌트(Hannah Arendt), 헤르베르트 마르쿠제(Herbert Marcuse)와 레오 스트라우스(Leo Strauss)와 함께, 요나스는 하이데거에게 사사받은 유능한 유대인 학생이었다. 그는 1930년에 마르부르그에서 하이데거에게 사사를 받아 박사 학위를 받았다. 그의 처녀 출간 서적은 1930년에 나왔는데, 아우구스티누스에게서의 자유 의지의 문제에 관한 것이었다. 그노시즘에 관한 연구의 첫 번째 서적은 4년 후 독일에서 출간되었는데, 이때는 이미 히틀러의 집권으로 인하여 이주를 한 후였다. 1933년에 '맹인을 위한 독일협회(the German Association for the Blind)'가 유대인 회원들을 추방했을 때, 요나스는 "공동 운명의 결속에 대한 나치의 배반"에 염증을 느껴 고국을 떠났다.

요나스는 독일에서 영국을 거쳐 영국 보호령인 팔레스타인으로 향했다. 전쟁이 발발했을 때 그는 나치즘을 극복하는 데 몸으로 맞서고 싶어 군사정보국에서 일할 수 있는 기회를 거절하고 유태계의 영국 8여단에 가담했다. 그는 이전에는 북아프리카와 이탈리아에서 싸웠고, 1945년에는 독일로 돌아왔다. 그가 정복군의 일원이 아니라면 결코 돌아오지 않겠다던 이민 갈 때의 약속을 지킨 것이다. 한편, 이민 갈 때 그는 결혼을 한 상태였는데, 전쟁 중에 부인은 『생명의 현상 : 철학적 생물학에 대하여(*The Phenomenon of Life : Toward a Philosophical Biology)*』(1966년)가 출간되는 데 자료가 된 생물학에 관한 책을 계속 보내주었다. 그가 이런 싸움에 참가하기로 결정한 것처럼, 유기체 철학과 실존에 대한 싸움으로의 요나스의 선회는 그의 사고의 통합 — 삶과 사고를 분리시키며, 정신이 묻어 있는 물질로부터 정신을 분리시키려는 유혹에 대해 거부하는 — 및 그의 인식을 분명히 해주고 있다. 그의 인식이란 실존이 각 영역, 즉 실제적인 행동과 이론적 심사숙고의 두 영역이 본질적으로 꼭 필요하다는 것을 말한다. 사람들이 투쟁 끝에 정치적인 악을•격파하듯이, 생명체에 대해 정의를 내리고 분명한 절차들을 거친 후에 생명체의 의미를 알게 된다. 요나스는 이 점을 분명히 알았으며 그가 보아온 것에 영향을 미쳤다.

1974년에 에세이 선집의 서론에서 요나스는 자신의 저서의 동기를 밝혔다. "영국 군대에 소속되어 있던 5년 동안" "책과 연구의 모든 장치를 끊어버린" 그 기간 동안 그노시즘에 관한 연구를 중단해야 했다. "계시론적 사태, 위협적인 세계의 붕괴, 극적인 문명의 위기, 죽음의 가능성, 삶의 모든 이슈들이 적나라하게 실체를 드러내게 됨으로써 우리 존재에 대하여 새로운 시각을 갖게 되었으며, 우리가 우리의 사고를 이끌어온 여러 원리들을 새롭게 볼 수 있게 되었다. 그럼으로써 나는 철학자로서의 기본적 임무이자 본질적 일인 사고하는 일로 돌아갈 수 있었다. 막사에 있거나 진지 안에 있거나 총을 쏘거나 하는 등의 원시성과는 점점 멀어지는 행위들은 학자적인 연구에는 좋지 않다"(PE, XII). 그러한 행위는 학문 탐구를 방해하는 것이 아니라 오히려 사고하는 작업을 촉구할 수도 있으며, 사고하고자 하는 의지가 있을 때는 그것이 훌륭한 사고에 이르게도 한다. 전후 요나스 철학의 특징이 될 수 있는 구체성과 보편성은 이러한 경험과 이 경험을 활용하는 그의 능력에서 나오게 되었다.

"처해 있는 존재", '현존재' 혹은 단호한 결단과 같은 용어들은 하이데거와 그의 몇 명의 제자들에게 추상적이며 인상주의적으로 보일 수도 있다. 혹은 요나스의 저서에서는, 텅 빈 윤리적 실체가 내용들과 직접적 의미들, 즉 인간의 삶의 형태가 꽃필 수 있도록 해주는 특수한 조건들이 이해되는, 언제나 질서가 잡혀 있는 직접적인 의미들로 채워진다. 요나스의 실존적 사고에의 개념이 하이데거로부터 많은 영향을 받았다는 것은 사실이다. 그리고 『책임의 명법 : 기술공학 시대에서의 윤리학 탐구(*The Imperative of Responsibility : In Search of an Ethics for the Technological Age*)』(1984년)에서 전개된 윤리학 이론은, 인간을 넘어서 자연의 존재에 대해서까지 그 책임성을 확장시켰다는 면에서 볼 때, 그 자체로서 선(善)하며, 칸트적인 목적의 도덕성을 내포하고 있는 현대적 재공식화로 여겨질 수 있다. 그러나 선한 삶에 대한 이해와 증진 쪽으로의 요나스의 인류학적 방향성은, 나로 하여금 요나스의 가장 심오한 철학적 유사성에서는 아리스토텔레스(Aristotle)와 그 맥을 함께 하고 있다는 생각을 하게 한다.

아리스토텔레스처럼, 요나스는 자신의 정신적 노력들의 기반이 되면서 또한 현세 존재의 계속성을 이끌어주고 확실하게 해줄 수 있는 수단으로써 나타난 생물학적 기반에 특히 주의를 기울인다. 이러한 그의 관점은, 정신과 물질은 이성에 둔감한 신비적 결합에 의해 연결된, 어울리지 않는 실체들이라는 것을 가정하는 데카르트적인 함정에 요나스 철학이 걸려들지 않도록 해주고 있다. 또한 목적 그 자체로서의 의무에 대한 복종을 인식하는 칸트식의 공허한 도덕주의에 빠지지 않도록 해준다. 이성 및 올바른 판단과 삶 자체의 내적 강제성을 연결시키는 아리스토텔레스적인 연결 방식은 생태학적인 경향성을 띠는 다른 사상가들과 마찬가지로, 요나스로 하여금 우리가 성취할 수 있는 것에만 기초를 둔, 순전히 기술공학적으로 정돈된 합리성에 대한 양자택일 혹은 보충만은 직관과 본능의 맹목적인 힘에 대하여 호소력을 지닐 수 없다고 생각하게 한다. 이러한 것들은 뒷장에서 더 전개될 논점들이다. 그러한 점에서 요나스의 경우, 그러한 방향으로 그의 사상을 이끈 동기는 고대 권위자들이 이루어놓은 연구들로부터가 아니라, 그에게 주어진 운명에 대하여 요나스 스스로 합리적인 반응을 보여온 데서 비롯되었음을 나는 특히 주지시키고자 한다.

독일로 되돌아온 요나스는 그가 나중에 "때묻지 않은 소수"라고 불렀던 약간의 것과의 접촉을 새롭게 했다. 이들 중 그는 이론가인 루돌프 불트만과 요나스로 하여금 그노시즘의 연구를 완성시키게 한 철학자인 칼 야스퍼스(Karl Jaspers)에 관해 언급했다. 요나스의 최초의 책은, 어떤 공식적인 인식의 부족에도 불구하고 이전 11년간의 출판 이래로 학문적인 서클에서 놀랄 만한 탁월함을 인정받았다. 그리고 그의 두 번째 독일어 판은 1954년에 출간되었다. 그럼에도 불구하고 그 주제의 연구자로서의 그의 명성은 이미 나 있었고, 두 책의 영어 종합 판인『그노시스적 종교 : 낯선 신의 메시지와 기독교의 시작(*The Gnostic Religion : The Message of the Alien God and the Beginning of Christianity*)』은 다시 커다란 비판적 환호와 함께 1958년에 출판되었다. 이 책이 지니는 분명하고 전문적인 특성과 함께, 요나스가 이상하고 복잡하고 두려움이 가득 찬 그노시스적 신화의 세계를 실존적 문제들 및 그가 살던 시대의 걱정거리들과 연관시킬 수 있는 방식 때문에, 아마도 이것은 요나스의 가장 잘 알려진 영어 저서라 할 수 있다. 요나스가 고대 그노시즘에서, 새로운 형식으로, 현대성의 전형적 세계관으로서 동일시했던 불충분하면서도 이중적인 사고 양식들에 대한 단서를 발견했던 방법을 보았을 때, 이것은 다시 한 번 내가 되돌아갈 주제다.

이전의 동료들의 재촉에도 불구하고 요나스는 1945년 11월에 팔레스타인으로 되돌아갔다. 거기서 그는 1943년에 떠날 때 마지막으로 보았던 부인을 한 번 더 만났다. 그는 팔레스타인에서 그의 어머니가 아우슈비츠에서 살해당했다는 것을 알게 되었다. 그 사건은, 그가 그 사건 이후 오랫동안 집필한 에세이에서만 폭넓게 전개시켰던 신학적인 전망에 영향을 주었다. 에세이는 요나스가 죽은 후 로렌스 보겔(Lawrence Vogel)에 의해 『가사성(可死性)과 도덕성 : 아우슈비츠 이후의 신에 대한 탐구(*Motality and Morality : A Search for the God after Auschwitz*)』(1996년)라는 제목으로 출판되었다. 이 책은 요나스의 중요한 신학적 저술들과 함께 그의 사고의 다른 측면을 나타내는 많은 대표적인 에세이들을 포함하고 있으며, 또한 편집자의 서론과 함께 요나스 사고의 총체에 대한 유용한 단편적인 서론을 제공하고 있다.

요나스는 1948년에 팔레스타인에서 초기 이스라엘 군대에 입대하고 유대 국가의 존재를 세우려는 전쟁에 가담했다. 그러나 그는 이스라엘에 정착하지는 않았다. 1949년에 캐나다의 맥길대에서 연구원으로 자리를 얻었다. 1951년에 그는 첫 번째로 오타와의 칼레톤대에서 철학 조교수가 되었다. 그리고 1955년에 뉴욕에 있는 사회과학연구소의 대학원 철학 교수로, 칼 뢰비스의 뒤를 잇게 되었다. 그리고 1993년에 89세의 나이로 일생을 마감할 때까지 이곳에 머물렀다. 그의 말년이 가장 지적으로 풍부한 해들이었다.

말년에 요나스는 그의 저서의 주제들을 소개하는 강의를 하면서 많은 곳을 여행했다. 특별히 독일에서는 학교 밖에서도 폭넓은 독자들을 확보하였다. 국제 회의와 세미나를 통하여, 요나스는 기술공학의 확장으로 인하여 매우 많은 영역에서 나타난 긴급한 문제들에 대하여 관심을 갖고 있는 사상가들에게 자신의 생각을 소개했다. 동시에 그런 토론회들은 철학적 인간학 및 공적 관심사에 대한 그의 도덕적, 신학적 숙고들을 더 한층 발전시킬 수 있는 장을 마련해주었다.

내가 『타임즈의 고등 교육 부록(*Times Higher Education Supplement*)』에서 그의 저서에 대한 간단한 칭찬의 글을 썼고, 그가 나의 글을 읽었던 인연이 있었다. 그 후 런던에서 있었던 한 모임에서 나는 그와 이야기를 나눌 수 있는 기회가 있었다. 그때 요나스는 80세였으나 여전히 열정적으로 이야기를 했다. 그는 최근 생겨난 생명 윤리학의 문제들과 20세기 말의 휴머니티와 관련하여 중요한 문젯거리로 인식된 생태학적 균형의 위협 상황에 대해 자신의 견해를 피력하는 데에 종전보다 훨씬 정열적이었다. 새로운 위협들은 그의 동료에게 악한 행위들을 저지른 인간 종들의 성향의 결실이 아니라, 인간 존재가 겉으로는 그것 자체로서 선한 목표를 추구하고 있지만, 아무 생각 없이 끊임없이 인간의 생존이 의존하고 있는 자연의 균형을 치명적으로 훼손시키는 데서 비롯되었다고 하는 복합적인 요인들과 함께, 약 40년 전에 그가 대항하여 싸웠던 악들과 마찬가지로 이것을 하나의 위협적인 문제들로 간주하고 있다는 인상을 그에게서 받았다. 나는 신체적으로는 몸집이 작지만 그의 시대 혹은 어떤 시대에도 찾아보기 힘든 타고난 영혼의 위대함을 지닌 이 사람에 대한 깊은 인상을 간직한 채 이 모임을 떠났다. 그리고 나는 그의 저서들에 대해, 영국과 미국에서 요나스의 사상들이 지니고 있는 충격성을 전혀 느끼고 있지 못하다는 사실에 놀랐다.

독일에서의 경우는 다르다. 왜냐 하면 기술공학, 자연철학, 의료 윤리에 관한 그의 저술들은 학문적 서클을 넘어서 책으로 발간되었다. 거기에서 요나스는 사업가들, 정치인들, 학자들이 함께 하는 모임에 종종 참가했다. 특별히 그는 그의 모국에서 녹색

당의 사상에 상당한 영향을 주었다고 한다. 나는 독일을 여행하면서 요나스가 쓴 많은 책들이 역사(驛舍) 서점에 전시되고 있는 것을 보았다. 나는 또한 아이러니컬하게도 그의 사상이 가장 큰 반향을 일으켰던 곳이 바로 그의 모국이었음을 확실히 느꼈다.

어떤 면에서 요나스의 삶의 양식은 20세기 사상가들의 삶에서 흔히 볼 수 있듯이 잔인한 이데올로기에 도취한 정권 하에서 죽음의 위협에 직면하여 망명하는 이야기를 답습한다. 지난 50년이 넘게, 영국과 미국의 대학에서 철학, 인간학, 자연과학에서 대부분의 가장 뛰어난 저서는 다양한 사람들에 의해 이루어졌는데, 그들이 모국에 머물렀다면 국내의 적들의 손에 의해 사라졌을 것이다. 그러나 요나스의 경우 그의 대부분의 동료들이 망명했음에도 불구하고 그는 전선의 군인으로 뛰어듦으로써 몸으로 전쟁에 직접 가담한 색다른 특징이 있다. 나는 군인 생활을 낭만화하길 원하지 않는다. 또 다른 의미에서 자유를 위해 전쟁에 참여한다는 것이 전쟁을 일으킨 주축국들에 대항하여 승리를 거둘 수 있는 데에 크게 기여했다는 사실 또한 퇴색시키고 싶지 않다. 그러나 동시에 요나스가 선택한 역할은 사람과 그 사람의 사고방식과의 직접적인 관련성을 반영하며, 어떤 의미에서는 이러한 직접성은 그의 이론적, 문학적 저술 방식에도 반영되어 있음을 나는 느낄 수가 있다. 요나스를 읽을 때 사람들은 그의 저서가 누구를 지향하고 무엇을 지향하는지에 대해 잘 알 수 있다. 그리고 이것은 그의 말년의 저서에서 확대된 특징이다. 거기서 그는 특별히 기술공학 시대에서의 인간의 미래와 관련된 문제에 관심을 갖고 있다.

그의 시대의 주요한 사상가들 중에서 요나스에게 첫 번째 조언자인 하이데거는 이 일에 가장 많은 계속된 관심을 보였다. 그러나 전형적으로 그 이슈에 대한 하이데거의 사상은—서양 문명 형성의 형이상학적 전통의 확장으로서의 기술공학에 관한 요나스의 저서를 종합하여—그 함축의 경우에 요나스의 사상보다 더 근원적이고 더 모호하다. 우리는 말년에 하이데거가『슈피겔(Der Spiegel)』지와의 인터뷰에서 말했던 것처럼, 요나스도 우리가 곤경에 처했을 때 "신만이 우리를 구원할 수 있다"라고 말했을 것이라고 상상할 수 없다. 죽음의 위험에 직면해서, 신이 간섭해줄 것이라는 기대는 실망감을 줄 뿐임을 요나스는 잘 알고 있었다. 그리고 요나스는 그의 사고의 모든 방식이 하이데거의 실존주의에 영향을 받았으나 미래에 일어날 사건들의 과정을 안내해줄 수 있는 것은 바로 인간의 실제적 추론의 힘이라는 것을 확신했다. 하이데거와 비교해서, 요나스는 운명적 기술공학의 맹목적 힘에 대한 상쇄적 힘으로서—테크네(techne)에 반대되는 프락시스(praxis)—아리스토텔레스적인 실천 이성의 계속된 효율성을 믿었다. 그의 말년의 위대한 저서인『책임의 명법(The Imperative of Responsibility)』은, 내가 제시했던 것처럼 하이데거적인 운명주의에 직면해서 추론의 형식을 새롭게 하고 신장하는 데 필요한 아리스토텔레스적인 개념을 입증하려는 시도라고 할 수 있다.

하이데거보다도 우리의 미래에서 생태학적 관심사들을 취급하는 요나스를 가장 유력한 철학적 안내자로 만든 것은 특히 교육적 함의에서의 이러한 실천적인 계획 때문이라고 할 수 있다.

요나스가 우리에게 요구하는 것은 수동적인 기대와 희망의 태도가 아니라, 변화하는 방식으로, 인간 존재가 언제나 위험에 처해 있는 세계에 직면해서, 인간 능력의 부분으로 우리가 알게 된 가능성에 의해 안내된, 우리가 직면한 이슈들과의 능동적이고 합리적인 약속이다. 요나스는, 인간에 대한 전망들이 최근 수세기에 걸쳐 행해진 기술공학적 혁신의 역동성에 의해 운명적 방향으로 형성되었다는 확장된 평가에서 하이데거와 생각을 같이한다. 그러나 그는 실제적으로 접근성이 용이한 치료를 권장하는 데 더 실천적이다. 우리가 이 책의 후반부에서 더 세부적으로 『책임의 명법』에 관한 논의를 검토할 때 이러한 실천성의 확장이 보인다. 그러나 그 순간에 만약 하이데거가 탁월한 카산드라 혹은 예레미아 시대에 나타났다면, ― 무시하지 말아야 할 예언의 목소리 ― 우리가 우리의 미래 존재의 과정을 이끌어줄 우리의 창조력과 파괴력을 동시적으로 규제할 때 닥칠지도 모를 재난으로부터 구원을 찾고자 할 때 우리가 의존해야만 하는 실천적 교육자로서 요나스를 제시할 만하다. 아마도 오직 이것만이 기술공학적으로 가능한 모든 것이 생존을 위해 바람직하지도 않으며 또한 생존에 도움이 되지도 않는 유한한 지구에서는 우리의 생존을 확실하게 보장한다.

실천 이성과 그 철학의 통합적인 부분을 형성한 윤리적 가르침에 대한 요나스의 철학은, 아마도 주변 환경들이 달랐더라면, 종교의 존재론적 역사의 영역에 대한 순수한 학문적 연구에 도움을 주었을 수도 있는, 삶에 대한 연구로서는 최고의 업적이라 할 수 있다. 사실상 여러 사건들의 압력은 모든 인류를 위한 더 넓은 중요한 사고체를 형성하며 세련되게 한다. 만약 우리가 칸트를 개별화된 부르주아적 세계에서의 뛰어난 도덕 철학자라고 간주한다면, 정당성이 계속적으로 행해지고 인간과 지구의 통합이 다가올 미래 세대를 위해 보존될 때 요나스도 우리가 배워야만 할 기술공학적으로 조건화된 지구화 시대에서 칸트와 동등한 중요성을 가진 상당한 인물로 간주될 수 있을 것이다.

적어도 그 사실이 이 책을 안내하게 하고, 더 많은 사람들로 하여금 20세기의 전문가의 찬사를 받게 되기를 나는 바란다. 그러나 우리는 우선 표면적으로 요나스의 철학적 저서의 다양한 영역들을 연결하는 정보화된 관심의 일원화된 논리를 이해해야만 한다. 따라서 나는 확장된 연대기적 순서로 그 저서가 이루고 있는 다양한 저술들을 검토해보려 한다.

제 2 장
그노시스, 이성 그리고 존재의 도전

    한스 요나스는 그노시즘에 대하여 두 권의 독일어로 출간된 그의 영어 저작물 『그노시스적 종교(*The Gnostic Religion*)』를 통하여, 가장 뛰어난 철학자들과 종교사가들 사이에 자신의 위치를 확보하고 있다. 우리가 살펴보려고 하는 그노시즘 자체는 당연히 중요한 정신적인 현상이다. 그노시즘의 고대의 형태에 대해 어떤 것을 안다는 것은 우리에게 기독교의 정체성과 우리 조상의 문명의 역사적 형성을 이해하는 데 도움을 준다. 어떤 의미에서 그노시즘은 또한 대표적인 존재론적 자세라 할 수 있다. 그것은 항상 당황케 하며 종종 위협적인 우주(cosmos) 속에서 인간 존재의 의미를 찾고자 애쓰는 인간들에게 영원히 유용하다. 『그노시스적 종교』의 출판 이후 거의 50년 가까이 이 책은, 그노시스적 가르침이 구성하는 학설과 신화의 특이한 다양성에 대한 가장 좋은 객관적인 연구로 남아 있다. 그리고 동시에, 우리는 확실히 새로운 형식이지만, 세상에 대한 태도를 나타내주는 그 이상하고 익숙하지 않은 가르침의 요소들이 오늘날 얼마만큼 널리 퍼져 있는가에 놀라면서 요나스의 글을 읽는다.

우리의 주제는 종교사가 아니라 우리 시대의 사상가로서의 한스 요나스의 중요성이기 때문에, 그노시스적 가르침의 내용에 대한 요나스의 진술을 우리가 토론하는 것은 그가 현재 세계에 대한 그의 인식과 관계 있는 것과 그리고 그 안에서의 요소들과 관련 있는 그러한 이슈들에 한정될 것이다. 이것은 우리가 그의 책에 포함되어 있는 많은 매혹적이고 신화적인 자료들을 제쳐두고, 무엇보다도 그노시스의 구조와 함축에 의해 그것의 인간학적인 중요성을 관찰해야만 한다는 것을 의미한다. 우리는 다양한 그노시스적 분야 연구에서 학문적 연구의 개요가 무엇인가를 요약하는 것이 아니라, 그러한 표면적으로 이상한 학설, 즉 그 학설의 구체적인 신화론적인 복잡성 안에 매우 환상적인 많은 것이 본질적으로 우리 자신과 다르지 않은 인간 정신들에게 가해진 딜레마에 대하여 해답을 줄 수 있는 방식들을 고찰한다.

오늘날 본질적으로 변화되지 않은 인간 본성과 같은 것이 있다는 것을 부정하는 약간의 사람들이 있고, 역사 속에서 그 본성을 지탱하는 것이 변화하는 것보다는 덜 중요하다는 주장을 하는 나머지의 사람들이 있다면, 고대 그노시스에 현대의 모든 사람들과 관련이 있으며 이해할 수 있는 의미의 모델이 있다는 사상은 고대 그노시스와 본질적으로 허무적인 현대 철학 양자가 응답하려는 지속되는 인간 본질이 사실상 있는지 어떤지의 문제를 요청할 것이다. 요나스는 그러한 회의주의에 대한 대답을 가지고 있다. 그리고 그것은, 그것이 공식화된 방식, 특히 그의 에세이 「변화와

지속 : 역사 이해의 가능성에 관하여(Change and Permanence :
On the Possibility of Understanding History)」에서, 내가 아는
가장 확실한 대답을 주고 있다. 그러나 여기서 그것을 소개하는
것은 요나스 자신의 사고의 전기적인 논리를 왜곡하는 것이기
때문에, 여기서 그것을 소개하는 것은 잘못일 것이다. 요나스의
사고는 그노시즘의 현상에 대한 그의 탐구와 함께 시작하고, 오
직 그때만 그가 고대 그노시스와 현대의 형이상학적이고 윤리적
인 허무주의 사이에서 발견한 구조적인 평행의 방식에 의해 인간
의 내재적인 본성의 불변성의 합리적인 주장과 그의 세속적인
조건이 중요한 역할을 하는 인간학적인 이론의 발전을 계속 진행
시킨다.

그러므로 그것이 요나스의 성숙한 철학적 인간학에의 지름길
을 택하려는 시도라 할지라도, 그렇게 하는 것은 표면적으로 이
국적인 고대 종교적 학설에 대한 요나스 자신의 탐구가 그가 그
의 스승인 하이데거의 가르침에서 예증화된 것으로써 인간의 현
대적 관점의 완전한 역사주의를 극복할 수 있었던 위치로 그를
이끌었던 그 방식을 무시하는 것이다. 하이데거가 현대 철학의
신전 안으로 이끈 중요성과 인간학적인 불변성의 학설에 대한
그의 비판이 많은 현대 혹은 포스트모던 사상가에 의해 당연하게
여겨지는 정도까지 되면, 이것은 전기적인 중요성보다 더 많은
잘못이 될 것이다. 왜냐 하면 만약 우리가 요나스가 추구하는
여정을 따르지 않는다면, 내가 요나스 사상의 "통합"이라 불렀던
것, 특히 그가 지속해왔던 상태에 내재하는 어려움을 벗어나기를
그가 거부했던 것이 왜곡되거나 사라질 수 있기 때문이다. 자연

철학의 타당성, 인간학, 윤리적 판단의 객관성에 대한 그의 진술은 통합성에 의존하며, 그의 확대된 중요성에 대해 내가 요구하는 것이 이러한 요소들에서이기 때문에, 우리는, 요나스 자신이 행했던 것처럼 "그노시스적 종교"라고 불리는 그의 첫 번째 영어 책에서의 지속된 의미를 이해하려는 도전을 시작해야만 한다.

실제로 그 제목은 어느 정도 오해를 일으킬 수 있다. 왜냐 하면 역사에 그노시즘이란 이름이 적용될 수 있는 단일하고 통합된 종교는 없기 때문이다. 믿는 자들의 실체가 믿게끔 명령되거나 다른 방식으로 가해진, 권위적인 교의의 실체를 면제시켜주는 "그노시스의 교황"은 결코 없다. 존재하는 것은 교회 혹은 교리의 일정한 틀이 아니라, 현세의 실존을 내재적으로 의미 없는 것으로 여기게 하고, 본질적으로, 현세적이고 물질적인 용어로 — 고전 철학과 현대 과학의 기준은 비슷하다 — 그들이 여겨지는 것과는 다르다고 그들에게 믿게 하는 비밀적 인식의 특별한 형식으로만 믿게 하는 신념의 실체를 공유하는 논쟁하기 좋아하는 다양한 교파들이 있을 뿐이었다.

요나스가 그노시즘의 현상을 더 길게 연구하면 할수록 그는 그노시즘의 독특한 세계관과 하이데거의 실존주의에 의해 대표되는 현대인의 세계관 사이에 존재하는 태도적인 평행에 놀라움을 금치 못한다. 확실히 둘 사이에 상당한 차이가 있는데, 그러나 그럼에도 불구하고 그들은 고전 아리스토텔레스적인 철학과 전통적인 크리스천 정교회의 형이상학적 세계관으로 구현된 사상의 거부에 바탕을 두고 있는 일반적 특징들을 공유한다. 거기서 세계는 내적으로 의미 있는 통일체로서 이해될 수 있다. 인간은 그러한 통일체 내에서 동질감을 느낀다. 요나스는 이러한 인간의 특징들에서 자신의 삶의 적절한 양식을 추론할 수 있었다. 많은 요나스의 전후(戰後)의 저서는, 그가 자신의 주어진 자리를 경험적으로 알 수 있는 것과 일치해서, 현대인에게 그의 삶을 지배하는 수단을 극복하기 위하여 이러한 거부를 역전시키려는 시도로서 이해될 수 있다. 『책임의 명법』(1984년)의 존재론적 토대에 입각한 윤리 체계 안에서 그것의 완성을 성취해내는 것은 이러한 계획이다. 『책임의 명법』은 요나스의 삶에서 최고의 업적을 보여주는 것이며, 그의 주된 주장은 우리 시대가 안고 있는 딜레마에 대한 철학적 안내자로서 끊임없는 명성을 얻게 한다.

그것은 요나스가 현대 기술공학과 그것에 수반하는 위험들의 도전에 대한 응답으로, 요나스가 자신의 성숙한 책임의 철학을 설명하는 뛰어난 저서에 대한 논쟁을 시험하려고 앞으로 도약하는 시도다. 만약 우리가 그 시대에 팽배해 있는 회의주의와 도덕적 허무주의에 직면하여 도덕적 판단의 객관성에서의 자신의 입장을 정립하기 위하여 요나스가 애쓰고 있다는 것을 주목하지 못한다면, 요나스의 논쟁력은 줄어든다. 그리고 그것은 인간 상태가 서로 연관을 맺는 특징들과 그러한 특징들의 실천적 윤리적 함의들에 대한 응답의 공유된 부적절성을 수단으로, 고대 그노시즘의 실존적 허무주의와 그것의 현대적 실존적 허무주의 사이의 평행을 이해하려는 요나스의 원래의 시도에 뿌리박고 있다. 만약 우리가 그 부적절성에 대한 요나스식 응답 방식의 여정을 따라가지 않는다면, 우리는 그의 철학이 현대 철학의 습격과 자연과학의 진보에 의해 이미 손상된 고대 형이상학에 대한 자의적인 요약이 아니라 시대의 기질을 합리적으로 확신하지 못하면서 그것의 원래의 형태들을 표현하는 역사적이고 과학적인 발전을 구체화하는 타당한 실존적인 지혜의 핵심을 새롭게 회복시키는 정도까지를 살펴보는 데는 실패할 것이다. 요나스의 사상을 종합하는 데에 골동품 애호가적인 사람은 없다. 그리고 만약 그의 제한된 윤곽선으로 우리가 본질적으로 아리스토텔레스적인 철학적 현실주의론에 대한 재진술을 인식한다면, 그것은 구식 과학의 부담을 청정하게 하는 아리스토텔레스주의이고, 실제로 우리의 현대 기술공학적 시대에 대한 가장 새로운 것에 대한 응답이다.

그때 우리는 요나스 철학을 특히 현대적이며 회복적 철학으로 특징화할 수 있다. 요나스 철학은 현대 과학이 이룩한 여러 발견들에 대하여 충분한 해석을 해주고 있으며, 그의 세대와 주변 배경을 같이하는 철학자들 사이에서도 요나스가 비범한 이해력을 보이고 있다는 점에서 그의 철학은 현대적이다. 그리고 한 단계 더 깊이 있는 단계에서 요나스의 철학을 볼 때, 이전에는 우주(universe)와 코스모스(cosmos)가 매우 고정적이며 확실하다고 생각을 했었는데, 실제로는 물질적 엔트로피에 종속된 상태로 끝없는 변화의 과정을 겪고 있다는 오늘날의 우리의 인식의 형이상학적 함축에 직면했을 때, 요나스 철학은 변화하지 않는 영속적인 것에 의존될 수 있는 것은 아무것도 없다는 것을 충분히 설명해주고 있다는 점에서 현대적이다. 우리는 데이비드 흄(David Hume)과 함께 우리의 역사에서 일어난 변화에 기초가 되게 하거나 필요 조건이 되게 하는 인간 본성의 불변성에 관해 말할지도 모른다. 그러나 오늘날 생물공학이 발달한 결과, 종의 영속성이 변화 가능한 것에 점점 종속되어가는 시기의 어느 한 순간에, 우리는 미래로의 상대적 불변성의 지속성을 가정할 수 없다. 이것이 의미하는 것은 이전의 세대가 그들의 행동들에 확고한 기초를 제공하는 것으로 여겨질 수 있었던 모든 것은 우리 시대에 와서 우리 자신의 상상들과 모든 잠재적인 행동들에 종속된 또 다른 변화의 장이 된다는 것이다.

요나스가 이러한 사고 안에서 회복의 요소에 부착시키는 절박성을 가장 잘 설명해주는 것은 바로 이러한 이유에서다. 우리가 회복해야만 하는 것은 첫째로 실천 철학의 개념이다. 즉, 아리스토텔레스가 '프락시스(praxis)'라 불렀던 것의 의미다. 무엇보다도 요나스는 실천철학의 개념을 윤리학 및 정치학과 관련 있는 영역과 연결시키고 있다. 실천철학에서 우리는 수단뿐만 아니라 목적도 생각한다. 그리고 둘째로, 더욱더 심오하게, 그리스 사람들이었더라면 우주적 경건, 즉 내적인 구조에 대한 가정적 관점 혹은 존재론적 통합으로 묘사했을지도 모르는 것들의 의미를 우리 자신의 내부에서 계발해야 한다. 왜냐 하면 우리 자신의 생존이 의존하는 것은 거주하기 적당한 자연 혹은 생물권이 아니라, 그러한 구조들의 지속성에 대해서이기 때문이다.

우리의 조상들은 비록 그들이 세월의 풍파 속에서 그들을 유지하기 위해 도시의 방벽을 계속해서 고쳐야 하지만, 그들의 생명이 의존하고 있는 자연 세계의 새로운 변화를 당연하게 받아들여야 한다는 것도 알았다. 우리는 더 이상 그러한 가정을 할 여유가 없다. 만약 우리가 다른 것들과 동등한 관심을 갖고 자연을 다룬다면 우리에게 자연은 유일하게 우리가 의존할 수 있는 끊임없는 질서가 존재하는 영역으로 나아가게 된다. 최근에 많은 저술가들은 이러한 사고의 진전을 언급해왔다. 그러나 내가 아는 한 그러한 관심의 효력이 이성의 영역을 낭만적으로 거부하는 것에 의존하는 것이 아니라 우주 보존의 목적을 포함할 수 있는 지점까지 확장된 것에 의존할 정도까지 확대되었다는 것을 요나스만큼 명백히 인식한 사람은 없었다.

이것은 실존에 대한 새로운 도전이다. 한편으로 그것은 그것의 범위에서 전례 없이 새로운 것이고, 다른 한편으로 그것은 사람들이 스스로 구성해왔던 물질적이고 직관적인 가공품 — 집들, 도시들, 국가들 — 에 대해서만 이전에 흔히 가졌던 관심을 좀더 새롭게 해보는 지혜로운 관심을 요구한다. 전반적으로 고대와 비교해서 현대 철학은 그러한 관심의 논리와 그것의 효과적인 실행에 적합한 추론의 형식에 대해서는 상대적으로 거의 관심을 갖지 않아 왔다. 과학에 관한 한, 현대 철학은 우리에게 자연의 사물들을 선하게 또는 악하게, 더 효과적으로 처리하도록 가르쳐 왔다. 그러나 현대 철학은 목적이나 목표의 문제에 관해서는 아무것도 말할 수 없다. 이것은 과학적 계획을 비판하지 않는다. 그리고 그것의 핵심에 있는 도구적인 합리성의 품위를 떨어뜨리지 않는다. 과학과 비교해서, 철학과 특히 실천철학 혹은 윤리학은 그것이 기초를 둔 자율적인 합리적 근거가 불확실한 관계가 되어간다고 언급될 뿐이다. 즉, 실제로 그러한 근거들이 존재한다고 말할 수 있는지 없는지도 불확실하다. 그러한 근거들이 존재할 뿐만 아니라, 아리스토텔레스가 가정했듯이 그러한 근거들은 인식할 수 있으며 과학이 만든 바로 그 자연의 구조 자체에 내재한다고 제시해준 것이야말로 요나스 사상이 가지고 있는 최고의 가치라 할 만하다.

요나스는 이러한 근거들이 합리적 탐구의 형식에 열려 있다는 것을 보여줄 수 있다. 합리적 탐구의 형식은 자연과학의 실험 행위와 마찬가지로 물질적 증거의 객관성에 열려 있다. 그러한 확신은 그리스 사람들에겐 이상하게 여겨지지 않았을 것이다. 이 요소들은 끊임없이 존재하는 것들 가운데서 꼭 필요한 실체로서 인간 정신이 자연스럽게 받아들였던 것이다. 그것은 더 이상 우리가 우주를 이해하는 방식과 일치하지 않는다. 우리의 주장에서 그러한 이해가 아직 타당하다는 확신에 의존한다고 하는 것은 중세 말 이래로 우리가 지금까지 알고 있었던 모든 것을 무너뜨린다. 그때의 난제는 우주를 무엇이라 말할 수 있는지와는 전혀 다른 개념을 기초로 하여, 고대와 중세의 형이상학을 특징화하는 통합된 합리성을 재구성하는 것이다.

현대 철학자 중에서도 요나스는 이러한 임무를 수행하는 데 가장 앞서 있었다. 그리고 그는 부분적으로 그렇게 할 수 있었다. 우리가 아는 한 초기 저서에서 그는 우주의 합리적 명료성이 처음으로 심한 도전을 받았던 원초적 형식과 우연하게 만났으며 그것에 익숙해 있었다. 그 형식은 고대 그노시즘의 현상이었고, 그노시즘은 서기 1세기에 세속적 의미와 내적인 명료성의 선, 진리, 미의 모든 흔적이 폭넓게 제거된 코스모스의 이미지를 인간 앞에 내놓았다.

요나스가 그노시즘 현상의 핵심에 놓여 있는 것으로 본 것은 그러한 질서 속에서의 인간의 본성과 위상을 포함하는, 사물의 내적 질서에 대항한 정신적 반란, 사물의 거부, 체계적 명예 훼손에 이른, 이러한 '반우주진화론(acosmism)'이다. 그리고 이러한 자세에서 그는 그것의 가장 강력한 원초적 형태와 사고의 현재적 양식들을 이해하는 열쇠로서의 그것의 중요성 모두를 인지한다. 그 중요성의 견지에서 볼 때 요나스는 자신의 철학적 자세를 발전시키는 데 전형적으로 중요성을 가질 뿐만 아니라, 극복된 어떤 것으로서 인간에게 해롭고 또한 명확하지 않은 것으로서의 코스모스에 대한 그노시즘적 재평가에 대해 집착한다. 우리는 요나스가 그것에 대해 말하고자 하는 것에 대해서 잠시 생각해볼 만하다.

현재 통용되는 영어 용법에서 '코스모스(*cosmos*)'라는 용어는 라틴어에서 파생된 '유니버스(*universe*)'와 동음이의어로 남아 있다. 오늘날 우리가 어떤 사람을 "우주론자(*cosmologist*)"라고 말할 때, 우리는 보통 옥스퍼드 영어 사전에 따라 "질서 잡힌 전체로서의 우주론과 그것을 지배하는 일반 법칙론"을 이해하고 설명하는 데 종사하는 천문학 연구자를 의미한다. '코스모스' 자체에 관한 한 그것은 관련된 '우주론자'보다는 오히려 더 넓고 덜 배타적으로 자연과학의 특별한 분야를 추적하려는 어떤 것을 나타낸다. 1650년의 인용에는 "더 큰 세계는 그것에 관해 미(美)로부터 코스모스(Cosmus)라고 불림으로써"라고 나타나 있다. 현재 언어적 의미로 볼 때 코스모스의 명료성에 부착된 원초적인 미학적 의미를 갖는 어떤 것이다. 반드시 신비하지는 않지만 매일 물질적 혹은 세속적인 것 이상의 존재 의미를 제시하는 듯한 '코스모스'에 부착된 기(氣)가 있다. 아마도 이러한 의미는, 우리가 현재의 과학적 우주론자들이 그들의 학설에 주고자 하려는 노력에서 야기된 문자 그대로 특별하고, 상식을 넘어선 가정들과 개념들 — 블랙홀, 반물질 등등 — 을 관찰할 때만 형성된다. 합리적인 언어가 과학적 실행과 인간 이성의 사용과 분리되지 않고, 보통 경험의 명백한 경계를 넘어설 수 있는 유용한 조언자로서 제공되어야만 한다.

그러므로 우리가 오늘날 그 용어를 사용할 때 우리는 전형적으로 '코스모스(cosmos)'를 '카오스(chaos)'의 반대에 놓는다. 카오스는 우리가 우리의 생명의 질서를 어지럽히고 방해할 수 있는 무의미하거나 위협적인 무질서의 상태를 의미한다. 1928년에 철학자 막스 셸러(Max Scheler)가 역사와 자연과학에 유용한 사실들 외에 사물들의 총체성 안에서의 인간의 지위에 대해 말한 것을 포함하여 인간의 존재에 관한 이론 혹은 철학적 인간학의 윤곽을 그렸을 때, 그가 그것을 "코스모스 안에서의 인간의 지위(Die stellung des Menschen in Kosmos)"라고 제목을 붙인 것은 중요한 의미가 있다.

"세계(world)"와 반대되는 개념으로서 이러한 특별한 용어를 선택할 때 셸러는 흔히 종교학설에 국한된 궁극적인 기원들과 운명에 대한 문제들에 대해 열어놓은 더 폭넓은 전망 속에서, 자연에 대한 긍정적 인식의 한정된 영역과 인간의 지위 — 엄격한 의미에서 인간학적인 '학문' — 를 통합하는 이론을 사변적으로라도 제공하고자 하는 그의 전형적인 의도를 보여주는 것이다. '코스모스(Kosmos)'에 대한 셸러의 독일어 어휘 사용의 함축은 영어 사용에서는, 학적인 천문학의 특수한 영역 안에서 외에는 우리가 오늘날 어떤 사람이 '코스모스(*cosmos*)'라는 용어를 사용하는 것을 들었을 때 우리는 우리가 막 들으려고 하는 것 안에서 다소 은밀한 종교적이거나 그렇지 않으면 초과학적이고 형이상학적인 것을 지향하려는 의도가 들어 있는지를 즉시 알아채려는 정도에까지 있다.

　다시 한 번 용어를 고려해보는 것은 유용할 것이다. '코스모스'라는 어휘처럼, 우리는 '형이상학(*metaphisics*)'과 '형이상학적(*metaphisical*)'이란 단어를 그리스어에서 유추해왔다. 원초적으로 그 단어들은 물질 세계에 대한 아리스토텔레스의 견해를 이어서 혹은 '뛰어넘어서(meta-)' 나온 그러한 책들, 즉 그의 『자연학(*phisics*)』에 적용된다. 『형이상학(*metaphisics*)』은 문자적 의미로 아리스토텔레스의 철학 체계 전집에서 『자연학(*phisics*)』이라는 말이 나온 이후에 등장했다. 외연에서 '형이상학'은 자연과학이 다루는 세계의 물리적 혹은 물질적 구조에 대한 진술을 넘어서 확장된 실재론을 의미하게 되었다. 이런 의미에서 보통 영어 사용에서는 '코스모스(*cosmos*)'란 용어와 '형이상학(*metaphisics*)'이란 용어 사이에 내적으로 매개된 관계가 있다. 형이상학의 인식적인 가치에 회의적인 어떤 사람에까지, 그리고 논리실증주의자처럼, 그것을 의미 없기-때문에-증명할 수 없는 말을 넘어서 어떤 것을 전달할 수 없는 무가치한 것으로 간주한 어떤 사람이 코스모스란 용어가 오직 의심스러운 것으로 되어가는 데까지 관계가 있다.

　확실히 '코스모스'가 우리에게서 그리스어에서처럼 우리가 우리의 상태에 적절한 행동의 질서를 유추해내는 의미 있는 위치

영역을 발견해내는, 질서 잡히고 조화로운 전체에 대한 인식을 나타낸다는 사상은, 현재의 철학적이거나 정치적인 사조에서 거의 유행하지 않는다. 이것은 코스모스가 원초적으로 의미했던 것이고, 고대인들이 하려 했고 할 수 있었던 것처럼, 우리가 최근의 과학적 인식에 직면하였을 때, 우리의 이성을 자신 있고 확실하게 활용할 수만 있다면 코스모스가 원래 의미하고자 했던 의미를 갖게 된다. 그러나 이것을 성취하기 위해서 우리는, 요나스가 고대 그노시즘과 가장 최근의 철학이 별종의, 기묘하게 관련이 있는 변형이라는 "실존적 허무주의(existential nihilism)"라 부르기를 주저하지 않는 것의 유산을 이해하고 극복해야만 한다.

'코스모스(cosmos)'와 '형이상학(metaphysics)' 같은 개념의 그리스어 어원을 고려하는 것이 왜 현재 상황에서 중요한지를 설명할 때 꼭 필요한 요점이 있다. 그노시스적 형태의 반우주진화론(acosmism)은 이상한 유사성과 비필연성 양자가 세계 초월적 신으로부터 유추된 창조의 기독교 지향적 형이상학에 대항해서가 아니라 그리스인의 우상 숭배적 세계관에 대항되었을 때, 가장 잘 이해된다고 보는 요나스의 확신이다. 요나스를 그노시스의 연구로 이끈, 그의 전쟁 전 저서인 『현대 상황에서 원시 기독교(*Primitive Christianity in Its contemporary Setting*)』(1949년)라는 연구를 인용한 루돌프 불트만을 포함하는 많은 신학자들은, 기독교는 어떤 면에서는 정확하게 그노시스적이지 않지만 그노시스적 영성에 매우 가깝다는 주제로부터 나온 종교라는 것에 대해 논쟁을 해왔다. 이것은 또한 요나스의 관점이기도 하다. 『그노시스적 종교』(278~281)에서, 요나스는 그리스인이 된 유대 사상가 필로(Philo Judaeus)가 덕에 대한 토론에서, 그가 어떻게 스토아적 윤리 사상의 기원을 변형시킨 방식으로 유사-그노시스적 편견을 보여주었는지를 보여준다. 여기서의 요점은 비록 교회의 신부님들이나 필로가 그노시스주의자가 아닐지라도, 신의 영광 앞에서 인간의 세속적 덕은 부적절하게 보이는데, 그러한 세계-초월적인 신에 대한 그들의 공유된 믿음은 그들에게 고전적 사고 안에서 그것의 위치를 잃을 것같이 보였던 지위를 채택하도록 하게 했으며, 그리고 확실한 그노시스적 반향을 얻도록 이끌었다.

여기서 "우리 자신들 안에는 악의 보물이 있고, 신에게는 선의 보물만이 있다"는 필로의 견해를 요나스와 함께 인용하는 것은 충분할 것이다. 동일한 말이 크리스천 교회법과 많은 교회 목회자들의 가르침에서 발견될 수 있다(GR, 280). 왜냐 하면 영향력 있는 저자인 칼 뢰비스와 에릭 뵈겔린에 의해서 그렇게 되어온 것처럼, 현대 사상은 원초적 크리스천 세계관을 인간의 내면에서 세속화시킨 결과라는 점이 설득력 있게 받아들여질 수 있기 때문에, 우리가 현대 사상에서 그노시스적 주제들의 중요한 흔적들을 발견해낸다 하더라도 그것은 놀랄 일이 아니다. 실제로 뵈겔린의 전쟁 직후의 저술들 중, 특히 가장 잘 읽혀진 저서인 『신정치학(*The New Science of Politics*)』에서, 우리는 본질적으로 그노시스적 현상으로서 진보적인 현대성의 명료화와 특히 유토피아적 이데올로기를 발견한다. 이것은 요나스의 견해가 아니다. 사실은 행동주의자들의 정치 운동과 뵈겔린이 제시한 것처럼 보이는 고대 그노시스의 특징이라고 할 수 있는 세상에서 물러섬(the world withdrawl) 사이에 존재하는 동일성은 세속적 질서를 극복하는 수단으로써 세계를 부정하는 인식을 시도하는 뵈겔린이 결코 극복할 수 없는 어떤 난제를 야기한다.

내가 강조하려고 하는 것은, 우리 인간들이 본질적으로 누구며 무엇이고 왜 인간인가 하는 유용하지는 않지만 본질적인 인식을 전달하려는 주장보다 오히려 그노시스의 실존적 반우주진화론의 근간을 이루는 핵심에 대하여 요나스가 강조점을 둔 그 정도 수준을 지적하고 싶은 것이 아니라, 그노시스적 가르침의 교리적 핵심이, 뵈겔린과는 다르게, 요나스로 하여금 그노시스적 사상을 중세 크리스천 정교 및 좀더 급진적으로 반대편에 있는 고대 그리스의 우상 숭배인 완전한 우주적 사이비 종교와 비교하도록 했다는 점이다. 그 의미가 현시점에서 중요한 이유는 그것이 그노시즘에 대한 요나스의 연구 그 자체를 넘어서 그 연구가 행한 특별한 방향으로 요나스를 이끌었는가에 대한 답을 주고 있기 때문이다. 즉, 그는 자연철학, 철학적 생물학과 윤리학의 개념이라는 방향에서 설명한다. 그런데 그 윤리학의 개념은 형식에서는 칸트주의자적인 반면에, 내용에서는 적어도 잠재적으로는 우리가 합리적 통제를 할 수 있고 해야만 하는 삶의 모든 국면에 영향을 미치는 실천 철학의 형식으로서의 아리스토텔레스적인 윤리학 개념에 더 가깝다.

여태까지 나는 요나스를 직접 인용하는 의무와 즐거움을 피해왔다. 그러나 이제 그노시즘이 반대하는 우주적 관점을 우리가 정의하고자 할 때 우리는 요나스를 언급할 필요가 있다. 왜냐하면 요나스가 서로 상반된 코스모스(cosmos)에 대한 그리스적 개념과 그노시스적 개념을 명료화 하는 데에서, 우리는 우주적 신앙심(cosmic piety)에 대한 그노시스적 거부에서 무엇이 문제가 되었는가에 대한 그의 세련된 진술을 발견하게 되기 때문이다. 요나스는 "오랜 전통에 의해" "갖고 있는 이 용어는[*cosmos*] 가장 높은 종교적 위엄을 주어왔다"라고 쓰고 있다. 그 문자적 의미로 볼 때, 그 단어는 그것이 기술적인 용어로 일치하게 된 대상 — 어떤 대상 — 에 대한 긍정적 평가를 나타낸다. 왜냐 하면 '코스모스(*cosmos*)'는 일반적으로 세계의 혹은 가정의, 국가의 혹은 생명의 '질서'를 의미하기 때문이다. 즉, 그것은 칭찬과 경외의 용어다. 그래서 우주(universe)에 적용되고 그것이 두드러진 경우로 되었을 때 코스모스(cosmos)는 단지 모든 것(all-that-is), 즉 양적인 총합(모두라는 용어처럼)의 중립적인 사실을 의미할 뿐이다. 즉, 질서를 의미한다. '코스모스(the cosmos)'가 우주(universe)만을 나타내는 만큼, 이 용어가 제 뜻을 제때에 확고히 나타내면, 그것은 결코 그 의미를 독점하거나 달리 사용되는 것을 배제하지 않는다. 만약 이러한 것들이 약해졌더라면 그것의 원초적 의미 영역과 독립해 있는 그 이름은 영어의 '세계'와 무관하게 되었을 것이다. '코스모스(cosmos)'는 그렇게 되지 않았다. "일상 생활의 대상들과 상황들에의 다양한 적용들은 — 일반에서 특수로, 도덕에서 미학으로, 내부에서 외부로, 정신에서 물질로의 적용들은 — 점점 많이 사용하게 되면서 유행하게 되었으며, 유사한 의미들이 공존하며 그것들에 대한 찬사는, 가장 광범위하고 막연한 대상들에 대하여 이름을 붙여야 하는 선택을 할 때, 가장 먼저 그 이름을 생각나게 만드는 가치 의식을 생생히 유지할 수 있도록 해주었다.

코스모스(cosmos)로서 인식될 때 우주(universe)는 "질서의 완벽한 본보기며 동시에 특별히 모든 질서의 원인이었다. 그것은 정도에서 전체의 원인을 추정할 수 있다"(GR, 242). 분별 있는 상태로는 코스모스는 미(美)다. 내적인 원리로는 그것은 이성이며 극단적으로는, 스토아학파와 함께 코스모스는 그 자체로 신성으로 신의 형태로 여겨진다. 인간은 결코 완벽하지 않다. 요나스는 이러한 개념을 충분히 표현하며, 코스모스는 인간의 생물물리학적 형태뿐만 아니라 인간의 윤리적 판단의 근원을 나타낸다는 방식을 분명하게 이끌어낸 사람을 묘사하기 위하여 마침내 키케로(Cicero)를 인용한다. 키케로는 다음과 같이 쓰고 있다. "인간은 '우주(the cosmos)'를 '관찰하기 위해(to contemplate)' 태어났으며 우주를 '모방하기 위해(to imitate)' 태어났다. 인간은 결코 완벽하지 않다. 그러나 인간은 완전체의 아주 작은 부분이다"(GR, 245).

이러한 견해에 따르면, "코스모스의 숭배는 인간이 한 부분을 차지하고 있는 전체에 대한 숭배다. 인간의 위상을 한 부분으로 인식하고 응낙한다는 것은 인간의 일생 중 인간이 우주(Universe)와 적절한 관계를 맺고 있는 한 국면을 뜻한다. 그것은, 커다란 전체와 관련한 인간의 존재에 대한 해석에 기반하고 있다. 그의 완전체는 모든 부분들의 통합으로 구성되어 있다. 이러한 의미에서 인간의 우주적 신앙심은 인간 존재를 인간 자신과 선(善)인 모든 것의 근원보다 더 선한 것의 요구에 따르게 한다. 그러나 동시에 인간은 우주(Universe)를 구성하고 있는 다른 부분들과 같은 하나의 부분이 아니라, 정신의 소유를 통해 전체를 '지배하는 원리(ruling principle)'다"(GR, 246). 그러므로 인간은 자신의 존재를 전체의 존재에 적합하게 하려고 애쓰며, 그렇게 함으로써 인간 위상의 합리적 이해로부터 인간의 본성과 상황에 맞는 방식으로 인간의 삶을 정돈하는 방법을 습득한다. 그래서 1세기에 어떤 저술가는 다음과 같이 말한다. "자연은 우리 인간을 열등하고 무시할 만한 존재로 운명짓지 않았다. 자연은 마치 승리라는 대가를 얻기 위한 경쟁에서 방관자일 수도 있고 또는 치열한 경쟁자가 될 수도 있는 거대한 축제(올림픽 경기) 같은 삶으로 우리를 이끌었다. 그리고 만약 누군가가 하늘에서 세계를 바라보고, 세계 안에서 풍부한 미(美)를 볼 수 있다면, 그는 우리가 무엇을 위해 태어났는지를 곧 알게 될 것이다"(GR, 247). 심오하지만, 모호한 미(美)에 대한 시각과 세속적 존재로서의 인간의 합리성은 그노시즘이 도전했던 우상 숭배적 세계관의 특징이다. 또한 그것은 웅장해보이기는 하지만, 형이상학적 숙고가 미미한 인간과 신적 존재 간의 유사성에 관한 토마스 학설의 특징이다.

그노시즘과 비교해보면, 특히 토마스 아퀴나스(Thomas Aquinas)에 의해 알려진 후기의 유사 아리스토텔레스적인 형식 안에서, 창조에 대한 기독교 윤리학과 형이상학은 세속적 질서의 통합에 대해 많은 우상 숭배적 신앙심을 갖고 있고, 그와 함께 인간은 신이 부여한 이성의 올바른 사용으로 그의 세속적 존재를 지향할 수 있는 감각을 갖는다. 비록 그러할지라도 세계 초월적 신과 인간 영혼의 궁극적인 내세 운명을 믿는 덕택에, 가장 높은 형태의 인간 실현과 완전체로서 세속적 덕의 수양을 목표로 하는 키케로 혹은 세네카(Seneca)의 스토아학파와 비교해서 그것은 깨지기 쉬운 약한 이론이다. 토마스학파에서 은혜의 질서는 생명으로부터 시작하여 더 이상 변화하지 않는 상태의 천국의 기쁨인 완전체로의 부활에 이르는 여정을 거친 후에야 비로소 경험적이며 치명적 결점이 있는 자연의 질서를 실현하게 된다고 보았다. 이러한 결점이 있는 자연의 질서 속에서 인간은 조상의 원죄의 결과로 인하여 원초적 무죄라는 짐과 맞서 투쟁하면서 살아간다고 한다. 이와 대조적으로 그노시즘은 고전적인 세계관과의 좀더 급진적 단절을 보여준다. 그노시즘이 단절한 고전적 세계관은 창조된 질서 — 우리가 그렇다고 알고 있는 것으로서의 세계 — 는 신의 창조물이 아니라 결점 투성이의 나쁜 조물주 혹은 반항적인 천사의 창조물이라는 입장을 견지한다.

그러한 창조에서 질서 자체는 어떠한 선(善)이 기대될 수 없으며 정신적인 탈출 없이는 어떠한 선(善)도 회복시킬 수 없는 나쁜 노예의 형태로 보인다. 세속적으로 존재한다고 인식했던 육체와 자연의 노예 상태를 설명하던 다양한 사변적인 신화들에 대해 자세히 얘기하는 것은 이 책의 범위를 넘어선다. 종합해보면 신화들은 모든 것이 고통이고 비이성적 육화인 — 본질적으로 지옥 자체가 지상의 지옥인 것처럼 지상 위의 지옥의 묘사 — 히어로니무스 보쉬(Hierronymous Bosch)의 환타지 안에서 발견된 개념상의 성취를 표현한다. 그노시스적 신화의 목적은 일들이 어떻게 그렇게 되어가는가를 설명하는 것이다. 인간의 원죄와 불완전성의 결과로서가 아니라 세계 안에서 유일한 인간 정신 혹은 영혼의 존재를 미리 존재하게 하고, 미리 결정해버리는 우주적 재난이라고 할 수 있을 정도의 큰 실수의 결과로서 설명한다. 또한 비교(秘敎)적인 인식인 그노시스에 의해, 어떻게 인간의 갇혀진 정신적 실체가 육체적인 본성으로부터 자유로워질 수 있는가를 보여준다. 그러한 개념에는 올바른 이성에 의해 질서 잡힌 덕 있는 삶과 같은 것은 있을 수 없고 유한성을 벗어나 순수하게 정신적 존재와 결합하는 필사적인 노력만이 있을 수 있다. 존재 라는 것이 우리가 인식할 수 있는 질적 존재와 같은 것으로 여겨 지는 한에서는, 그노시즘이 추구하는 상태는 비존재로서 더욱더 잘 묘사된다. 불트만처럼 요나스는, 신성한 것은 이 세상에 존재 하지 않는다는 견지에서만 옳다고 하는 부정적 신학의 기독교 교리에 공헌한 그노시스적 학설에 주목한다.

여기서 현대 허무주의를 그노시스적 신화의 구체적 형식을 재 생산하는 것으로 보는 것은 의심의 여지가 없다. 오히려 요나스 가 주장하길, 그것은 세계 안의 무질서와 악이 같은 종류의 경험 에 뿌리내린 것과 지속성 혹은 존재론적 실체의 부정을 통해 의 미를 찾는 것은 동등한 존재론적 자세를 나타낸다. 또한 현대적 허무주의에 어떤 가능한 응답도 플로티누스(Plotinus)가 코스모 스에 대한 그노시스적 명예 훼손에 대한 응답으로서 인정할 수 있었던 일종의 우주에 대한 신념을 피력한 형식을 취할 수 없다. 현대적 허무주의는 특히 현대적이다. 그리고 현대적 허무주의가 제기하는 문제에 대한 해답은 현 질서의 명료성과 윤리적 타당성 에 대한 현대적 부정을 강조하는 그러한 범위 안에서의 인식과 경험을 포괄하고 있어야만 한다. 플로티누스 같은 신(新)플라톤 주의자는 영원하며 변화하지 않는 형태, 우리가 인식하고 있는 존재자에게 있다고 믿는, 선에 대한 믿음의 증거로서 빛나는 하늘의 미(美)에 대하여 관심 있게 다루었듯이, 또한 신플라톤주의 자가 내놓을 수 있는 현대적 소산물은 바로 모든 인식할 수 있는 온화하면서 영원한 지속성을 지닌다는 증거들이 완전히 제거된 우주적이고 진보하는 세계 속에서의 자신의 해답을 찾아야만 한 다는 것이다

이것은 쉬운 일이 아니다. 그러므로 현대의 기질은 윤리적이고 형이상학적 확실성의 부재 및 객관적 세계가 우리의 삶을 이루는 것의 규준을 제공할 수 있다고 보는 생각을 거부함으로써 특징화 될 수 있다는 것은 놀랄 일이 아니다. 만약 그 어떤 것이 행해진다 면, 그것은 첫째로 허무주의는 논리적이지 않으며, 보편적인 흐 름의 경험에 대한 가장 좋은 응답도 아니라는 것을 보여주는 방 식에 의해서다. 둘째로 확정적이지는 않지만 그럼에도 불구하고 최종의 목적을 향하여 나아가는 과정에 있는 그 세계가 우리에게 우리 행위의 객관적 타당성을 결정하는 데 튼튼한 초석이 될 만 한 것들을 제공해줄 수 있다는 것을 보여주는 방식에 의해서다. 이것만이 요나스 같은 기술공학 시대에서의 윤리학의 역할의 개 요를 그려보고자 애쓰는 철학자가 직면한 과제이자 도전이다. 이러한 과제를 수행하는 데에 어떤 단계도 피할 수 없으며 그것 의 불가능성이 부인될 수 있는 어떠한 증거도 없다. 오히려 재구 성과 회복은 바로 존재의 실재성을 기반으로 시도되어야 한다. 그 실재성은 하이데거와 그의 계승자의 저서에서 형이상학은 약 해진 학설이며, 형이상학의 부재 속에서 우리는 알려지지 않은 신(神)의 도래를 기다리거나 아니면 더 쉬운 방법으로는 손 안에 갖고 있는 그 어떤 기술공학적 도구들을 사용하여 간단히 신(神)

을 만들거나 한다는 가정을 보증한다. 가장 좋은 신(神)으로 고칠 수도 있어야만 한다는 가정을 정당화시켜준다. 특이하게도, 내가 알고 있는 한 요나스는 하이데거의 제자였으며, 유감스럽게도 그 자신이 지지했던 정치적 무정부주의의 잠재적 희생양이었는데, 그러한 요나스는 그의 스승이 이미 소멸된 것으로 여겼던 바로 그 추론이라든지 실천철학, 형이상학이라는 형식을 발전시킴으로써 위에서 언급한 여러 문제에 직면하여 잘 해결해갔다.

두려워하는 토끼 무리는 배고픈 여우에게 잡히는 것처럼, 오늘날 철학·인간학에 자기 스타일을 갖는 많은 이론가들이 있다. 그들 중 하나가 데이비드 쿠퍼(David Cooper)인데, 그는 하이데거의 형상 혹은 영성에 의해서 사로잡혀 있다. 그는 자신이 의미하고자 하는 것을 말할 수도 없으며, 그의 저서에서 이전에는 건전한 철학과 이해할 수 있는 학설이라고 여겨왔던 것의 많은 부분에 대해 철퇴를 가했다는 사실에 대해 마지못해 의혹을 제기한다. 많은 면에서 형이상학의 붕괴 외에는 확실한 것이 없다는, 비판력 없는 포스트모더니즘의 유행은 그러한 시시한 형태에서부터 시작하여 20세기 말 사상에 끼친 하이데거 저서의 영향력에 대한 반작용이라 할 수 있다. 하이데거가 최소한 형이상학이 무엇인지 알았고 자기의 제자들에게 전통 형이상학을 다루는 고전 텍스트에 열중하라고 한 것이 환영받았을 수도 있는 하나의 반작용이 아니라 포스트모더니즘의 유행은 사람을 현혹시키는, 괴상하고 고의적으로 애매모호하게 보이는 저서에 대한 솔직한 반응인 것이다.

여기서는 하이데거가 어떠한 범주와 관계가 있는가에 대하여 말할 것은 못 된다. 관련된 문헌은 하이데거의 다양한 저술들의 견지에서, 그리고 그 저서들이 야기한 똑같지 않은 방대한 논평들에 있다. 1978년 '폰타나 현대 사상가 연구(Fontana Modern Master study)'의 조지 슈타이너(George Steiner)와 최근에는 1996년 '클레리지출판사의 우리 시대 사상가 시리즈(Claridge Press's Thinkers of Our Time Series)'에 공헌한 데이비드 쿠퍼(David E Cooper), 두 사람 모두는 하이데거 사상에 대한 전반적인 연구에서 간결하면서도 공정하고 분명한 연구를 했다. 복합적인 저서에서 감탄할 정도의 간결한 비평적 진술을 제외하고는 두 사람은 동떨어져 있지 않다. 하이데거의 제자들 중에는 그의 가르침을 받아들이면서 그들 나름대로 원초적이고 구성적이고 상대적으로 명백한 사상가로서, 지적인 면에서 다른 면이 나오게 한 여러 제자들이 있다고 하자. 하이데거의 유대인 제자들 중에 내가 이전에 언급한 몇 명과 다른 제자들이 있다. 그들 중 한스 조지 가다머(Hans-Georg Gadamer)가 유명한데, 그는 플라톤 철학의 해석학적 해석의 끊임없는 성장력을 보여주면서도, 하이데거 저서의 전면에 흐르고 있는 반플라톤주의에 대하여 꼭 필요한 대조점을 제시해주는 시대의 최고의 해석자다.

이 장의 나머지 부분에서, 나는 하이데거의 입장에서 존재론적 지향으로부터 출발한 요나스가 어떻게 그노시즘의 반우주진화론(acosmism)과 나란히 하이데거적 실존주의의 해석을 통해 하이데거가 말년에 더 이상 유지할 수 없었던 그런 종류의 철학을 발전시킬 수 있었는가를 보여주려고 한다. 이러한 일에는 내가 관심을 가지려는 두 가지가 있다. 첫째는 철학에 대한 하이데거의 존재론적 지향이 요나스 초기 사상에 미친 일반적 영향에 관해서이고, 두 번째는 요나스의 하이데거적 형성이 그노시즘에 대한 그의 접근을 조건화하는 방식인데, 반대로 이번에는 그노시즘에 대한 역사적인 특수화에 대한 연구가 어떻게 요나스로 하여금 하이데거의 실존주의의 한계를 다시 숙고하게 했느냐며, 앞으로 나는 이 점을 논의하고 또한 극복하고자 한다. 그의 말년에 형성된 존재론적으로 정통한 실천철학을 발전시키게 한 것은 바로 이 두 번째 것이다. 그 특징 중의 하나는 무비판적으로 하이데거를 추종하는 사람들은 말할 것도 없이 하이데거 또한 역사에 맡겼다고 믿은 사고 방식을 회복하는 것이다.

나는 이러한 것들을 차례로 다룰 것이다. 철학적 해석에의 존재론적 지향이 청년 요나스에게 무엇을 의미했는가 하는 사실과 함께 이러한 것들을 차례로 다룰 것이다. 위의 두 가지 논점에서 나는 『그노시스적 종교』의 두 번째 판에 부록으로 출판된 『그노시즘, 실존주의 그리고 허무주의(Gnosticism, Existentialism, and Nihilism)』라는 책에 의해 안내를 받을 것이다. 그러나 『그노시스적 종교』의 첫 번째 판은 10년 전에 『사회 탐구(Social Research)』라는 잡지에 실렸고, 확장된 형식으로 독일에선 1960년에 신학 잡지인 『선교와 교의(Kerygma und Dogma)』에 실렸다. 요나스 자신의 평가에 의하면, 『그노시즘, 실존주의 그리고 허무주의』는 잘 알려진 책이 아니다. 그럼에도 불구하고 만약 우리가 『존재와 시간』의 실존주의 안에 있었던 그의 사상의 원초적 형태를 이해하려 한다면, 고대와 현대의 그노시스적이고 하이데거적인 사상에 대한 그의 숙고는 그를 열중에서 벗어나게 하는 방식이고,

내가 그의 후기 저술들 중에서 명백한 아리스토텔레스주의로 특징화한 것을 회복시켜주는 방식이다.

제1장에서 나는 하이데거 철학의 "운명론(fatalism)"에 관해 말했다. 이것에 의해 나는 특히 그의 후기 저술들에서, 사고 자체를 존재의 역사라고 부른 것에 의해 역사적으로 결정된 것으로서 표현하려는 그의 성향을 말하고자 한다. 이것의 결과는 철학 자체를 역사화하는 것이다. ― 그 안에서 인간 위상에 대한 이해와 합리적인 조언으로 지향된 인간 사고의 자유로운 개입을 보는 것이 아니라, 서양의 형이상학적 전통을 만든 그리스의 창설자에 의해 과거에 만들어진 운명적 선택에 의해 직접적으로 결정된 역사적 운동의 표현을 보는 것이다. 서양의 형이상학적 전통이 추구하는 최종적 실현은 이성의 효과적 자율성이 다소 제거된 최근의 기술공학 시대다.

『기술공학과 관련된 문제(*The Question Concerning Technology*)』(1962년)에서 가장 강력하게 표현된 하이데거의 사상은 현대 기술공학은 인간 재간의 독립적인 실천 결과로서가 아니라 서양 사고를 객관화시키려는 경향에 내재한 발전의 결과로 이해되어야만 한다. 이러한 것들은 이미 많은 가능성을 갖고 고대 그리스 사상 중에 있었다. 그리고 그것은 역사를 통해 현대 생활이라는 기술공학적으로 조절된 환경들에 이르도록 한 결과들이다. 어느 정도 자연스럽게 기술공학은 서양 형이상학의 이성을 객관화시키는 형식화된 절정으로 여겨진다. ― 이는 운명적 절정인데, 이는 하이데거가 실천 이성이 아니라 "오직 신(神)만이 우리를 구원할 수 있다"고 주장한 "존재 망각(forgetfulness of Being)"이라 부름으로써 알려진 운명적 절정을 말하는 것이다. 이것은 강력한 주제다. 이 주제의 어조는 예언적이고, 그 결과는 현재 이성의 영역에서 사태의 과정을 규제하는 우리의 모든 기회를 제거하는 것처럼 보인다는 점에서 운명적이라 할 수 있다. 요나스가 『책임의 명법』에서 성취하고자 한 것이 바로 이것이다. 『책임의 명법』의 주요 주제는 기술공학의 역동성을 조절하는 수단으로서 실천 이성을 회복시키는 것이고, 그래서 그의 생존이 의존하고 있는 자연 세계와 인간의 통합을 보존하는 것이다. 하이데거는 이러한 가능성에 대하여 신의 간섭 없이는 달성하기 어렵다고 보았다.

요나스를 넘어 어느 정도 나가보면, 우리는 하이데거의 역사적 운명론에서 그노시스적 우주론의 현대적 변형을 볼 수 있게 된다. 그노시스적 우주론에서는 인간 위상이 우리가 더 이상 어떤 합리적인 조절을 할 수 없는 사태에 운명적으로 빠진 것으로 묘사된다. 이러한 특징과 함께 고대 그노시즘이 이러한 사태를 인간의 출현에 선행한 사태로, 악한 데미우르고스의 창조 충동의 결과로 초자연적으로 인지한 반면에 세계 초월적이고 정신적이고 외계적인 신(神)에 본질적으로 반대한 사람인 하이데거는 동등한 결과를, 형이상학적인 사고를 객관화시키는 논리 안에서 구체화되고 실현된 인간 행위자의 의도하지 않는 결과로 보고 있다.

하이데거에게서 코스모스에 대한 그리스인의 개념과 비교해서 맹목적 필요보다는 인간의 지지를 덜 받는 것으로 보인 악하거나 운명적인 우주적 질서의 창조에 대한 그노시스적 신화에 해당하는 것은 없다. 대신에 노예 상태와 다름없으나 신화적으로 초자연적 사태에 의해서가 아니라, 고대 그리스 사람 중에 존재의 문제와 인간의 만남에 처음 직면하여 본질적으로 인간의 방향 선택의 논리를 객관화함에 의해서 결정된 것으로 인지되는 존재의 역사에 대한 언급이 있다. 두 가지 경우에서 결론적으로 세계 질서가 문제가 되는데, 그것은 이성의 효능성이 제거된 세계 질서 그리고 그 속에서 인간은 더 이상 만물의 영장도 아니며 심지어 자신의 삶의 지배자도 아닌, 단지 인간 자신이 통제하지 못하는 힘의 노리개 상태로 있는 세계 질서와 동떨어져 존재하는 무기력한 자신의 모습을 발견하게 될 뿐이다.

종합해보면, 요나스가 제공하는 것은 이와 똑같은 역사와 상황에 대한 양자택일적 해석에 지나지 않는다. 그 중 하이데거의 해석과 비교해서, 이성과 일치하여 사태의 과정을 이해하고, 잠재적으로는 규제하는 수단으로서 철학의 통합을 보존하는 것이 그 한 가지다. 그것은 인간 위상에 대한 하이데거의 언급으로부터 시작하는 해석이다. 그러나 하이데거가 『존재와 시간』의 실존적 존재론을 포기한 후 빠져든 운명론을 피한다. 그리고 그가 그 안에서 현대 기술공학적 문명이 가져온 비인간화의 충격을 결정적으로 통제해 줄 수 있는 움직임으로 감지했던 국가사회주의 쪽으로 잘못 빠지지 않도록 해주는 하나의 해석이다. 하이데거는 이성으로부터의 후퇴와 예언적 시인들이 단편적으로 언급한 것들 속에 어떠한 신념을 두고자 하는 결정으로 가득 차 있는 희망들이 실패한 것에 대하여 응답했다. 반면 요나스는 똑같은 문명의 위기에 응답했다. 그는 이성과 과학으로부터의 후퇴가 아니라 이전의 합리적 사고의 유산보다 훨씬 더 넓게 계발하기 위하여 새롭게 전념함으로써 나치의 제3제국[나치 정권 하의 독일 1933~1945 : 역자 주]이라는 묵시적 재난 속에서 예증화된 문명의 위기에 응답했다.

이렇게 말할 때 나는 하이데거의 사고에서의 시적인 전회가 반성적 사고의 일반적 흐름 때문에 취급되지 않은 존재의 측면에 대한 통찰을 충분히 해볼 수 있게 해준다는 점을 부인하고 싶지 않다. 반성적 사고는 제랄드 브런스(Gerald Bruns)에 의해 『하이데거의 소원함(*Heidegger's Estrangements*)』(1981)이란 책에서 탐구된 주제다. 그 책에서 그는 하이데거의 후기 저술들 안에서의 언어, 진리, 시 사이의 관계를 다루었다. 오히려 나는 하이데거가 존재의 진리를 전달하는 수단으로서 시를 위한 철학을 인정하지 않는 한, 요나스와 같은 좀더 침착한 정신을 소유한 사람이라면 상당한 효과를 거둘 수 있는 정도까지 고양시킬 수 있는 통찰로 가득 차 있는 영역을 하이데거가 저버리고 있다는 점을 주장하고 싶다.

그 자신의 형이상학적 급진주의의 이상한 논리와 과학적 주장들을 쉽게 부정함으로써 마치 하이데거는 그를 그 시대의 가장 훌륭한 형이상학자, 즉 반(反)형이상학 시대에 존재의 문제를 새롭게 하고 그 시대의 딜레마를 통해 자신과 같은 동시대의 사람들을 이끌어보고자 하는 자신의 첫 번째 야망을 단행할 수도 있었을 그 약속을 어긴 것 같다. 최후의 날의 세례자 요한처럼 오지 않을 신을 기다리는 동안 "아아, 슬프도다"라고 말할 하이데거가 기술적으로 지향된 과학의 자동성을 포기했던 바로 그 문제에 대하여 브런스야말로 효과적이고 합리적으로 몰두할 수 있는 제자이자 비평가라는 것을 요나스는 알았다. 좀더 침착하게, 약간 과격하게 내가 제안하려는 것은 우리의 가장 좋은 대답이 발견될 수 있는 것은 하이데거의 계획안에서가 아니라 요나스의 계획안에서라는 것이다.

요나스에게 끼친 하이데거의 영향은 의심의 여지가 없다. 하이데거가 요나스에게 영향을 준 것은 분명하다.『그노시즘, 허무주의 그리고 실존주의』에서 그는『존재와 시간』에서 발견했던 존재의 범주는 "일반적인 타당성을 갖고 있고, 이는 그 어떠한 인간 존재에 대한 해석에서도 유용할 것이라는 자신의 초기 가정에 대해 쓰고 있다"(GR, 321). 그의 친구이자 하이데거의 마르부르그 동료인 루돌프 불트만에 이끌려 그는 그노시즘의 연구를 시작했다. 거기에서 그가 말하길 "내가 하이데거학파에서 발견한 견해는 이전에 놓친 그노시스적 사고의 국면을 나에게 보게 할 수 있게 해준다는 것이다. 점차로 나는 표면상으로는 완전히 별개의 것으로 보이는 것들이 유사성을 갖고 있다는 사실에 놀랐다. 돌이켜보건대, 나는 이러한 희미하게 느껴지는 유사성의 전율이 무엇보다도 나를 그노시스적 미궁 속으로 유인했음을 믿으려 한다. 먼 나라에서의 오랜 체류 이후 나 자신의 현대 철학적 상황으로 되돌아와서, 나는 그것이 내가 출발했던 나라를 더 잘 이해하게 해주었다는 것을 알게 되었다. 고대 허무주의에 대한 확장된 담론은 현대 허무주의의 의미를 분별하고 정초하는데 ― 최소한 나에게는 ― 도움이 된다. 즉, 현대 허무주의가 과거의 모호한 것을 제거하게 하는 데는 도움이 된다. 실존주의가 역사적인 분석의 수단을 제공했고 그것의 결과를 포함하게 되었다. 특별한 사건에 실존주의의 범주가 적합함은 숙고해야 할 어떤 것이었다"(GR, 320).

하이데거적인 실존주의자의 범주를 그노시즘에 응용함은 인간 존재 그 자체에 그들의 일반적 응용의 결과가 아니라 각각이 응답일 것 같은 시간과 공간의 상응, 즉 우연한 환경들 사이에 존재하는 역사적으로 특수한 평행의 결과일 것이라는 통찰은 이러한 숙고로부터 나온다. 요나스는 인간 존재 자체의 기초를 해설한 "실존주의는 특별하고, 역사적으로 운명지워진 인간 존재의 상황에 대한 철학이라고 인식했다. 그리고 유사한(매우 다른 관점을 통한) 상황이 과거에 유사한 응답을 일으켜 왔다. 대상은 허무주의적 경험에서 우연성과 필연성 양자를 논증하는 구체적인 범례가 된다. 실존주의에 의해 제기된 이슈는 거기에서 심각하게 사라지지 않는다. 그러나 적절한 전망은 그것이 반영하고 그 통찰의 타당성이 제한되어 있는 상황을 인식함에 의해 얻어진다"(GR, 321). 이렇게 보면 지금까지 고려했던 『존재와 시간』의 기초 존재론은 인간 존재(현존재) 자체에 대한 진술이 아니라 특별하고 우연적인 응답 형식에 대한 진술로서 진가를 갖게 된다.

우리가 말하려는 이것은 반그노시스적 '그노시스(gnosis)'였는데, 그것은 하이데거 적인 실존주의로부터 요나스를 구해낸다. 이전에 맹목적인 결정과 체념된 절망 사이에서 전환된 인간에 대한 존재론적으로 강요된 진술로 나타났던 것이 현존재 자체의 필요성에서가 아니라 그 시대의 특히 대표적이고 논리 정연한 대표자가 권위 있는 책의 글에서 진술한, 역사적으로 우연한 환경의 연합이라는 겉보기에는 그럴 듯하나 궁극적으로는 무익한 정신적 입장으로 판명될 것이다. 하이데거는 대변자였고, 『존재와 시간』이란 책은 한 세대를 두렵게 했고, 존재의 윤곽에 대해 더 합리적인 진술로 이해된다. 그 진술이 사실상 성취되었는지와 그것으로부터 무엇을 취할 것인지는 미결 문제로 남아 있다. 그러나 확실히 그러한 과정은 우리로 하여금 하이데거의 세계에서는 "용기를 주는 것은, 질서를 만드는 것도, 은혜를 주는 그 어떤 것도 거의 없거나 전혀 없었다"라는 에즈라 파운드(Ezra Pound)의 말을 검토해보는 시도를 해볼 가치가 있다는 인식을 갖게 해준다는 점이다. 양자택일적 진술이 더 많은 만족감을 주리라 보증할 수는 없지만 그러한 기회는 가져볼 만했다.

인간이 무감각적이고 안정적이지 못한 우주의 중심부에 내던져진 (하이데거의 피투성이) 존재로서 인식된, 고대 그노시스와 하이데거의 존재론 사이에서 주목했던 신비한 평행은, 요나스에게 그것이 즉 내던져진 존재로서의 인간이 인간 상태에 대한 최종적인 말이 아니라는 최소한의 희망을 제공해준다. 그리고 만약 이것이 그러하다면, 합리적인 형이상학과 객관적인 윤리학의 시대는 운명과 힘의 역할을 넘어서 주어진 세계에서 끝마쳐진다는 하이데거의 다른 확신을 우리는 왜 타당하게 여겨야만 하는가? 역설적으로 하이데거는 인간이 일시적인 상태는 가졌으나 어떤 확실한 자연 혹은 존재, 즉 '존재의 상태(sosein)'를 갖지 않았던, 현존재 분석의 반(反)형이상학을, 맹목적 필요성이 대용된 형이상학 안에다 세웠다. 그러한 개념이 역사적이고 존재론적인 깊은 뿌리를 가졌다는 것은 매우 명백하다. 그리고 요나스는 그것들을 동일화하고 진술하는 일을 했다. 그러나 요나스가 자신의 연구에서 발견했던 그 어떠한 것도 지난 30년간의 그의 결정론이든 연속적인 운명론이든 간에 하이데거의 특수한 응답의 레퍼토리의 수용을 보증해준다고 요나스로 하여금 믿도록 해준 것은 아무것도 없었다. 오히려 모든 것은 또 다른 더욱더 합리적인 응답을 요구했다.

『그노시즘, 허무주의 그리고 실존주의』에서 많은 부분은 하이데거의 실존적 허무주의의 정신적인 계보를 설명하고 있다. 거기서 요나스는 17세기에 파스칼(Pascal)과 같은 기독교 사상가로 하여금 새로운 과학적 우주론의 차가운 물질성에 직면하여 느끼는 고독과 공포에 대해 글을 쓰도록 만든 자아와 우주 사이의 긴장의 전개를 인지했다. "내가 모르고 또한 나를 알지 못하는 우주의 무한한 광대함에 던져져 나는 두렵다"(GR, 322). 이 현대의 세계관으로부터, 신의 고귀한 창조물은 그의 창조물 중의 첫 번째로서 특별한 위치를 차지하는 인간과 지구 중심적 우주관 사이의 공동실체성의 의미는 사라졌다. "내가 유사성을 느낄 수 있는 '로고스(logos)'와 함께 '코스모스(cosmos)'는 사라진다. 인간이 공간을 차지하고 있는 전체의 질서도 사라진다. 그 공간은 투명하고 적나라한 사건으로 보인다." 그래서 파스칼은 계속해서 다음과 같이 말한다. "나는 거기에서보다 오히려 여기에서 나 자신을 발견하는 데에 두렵고 놀란다. 왜냐 하면 왜 거기에서보다 오히려 여기에서, 왜 그때보다 오히려 지금인지에 대해서는 그 어떤 이유도 없기 때문이다"(GR, 323).

새로운 우주론과 그 우주론의 중심으로부터의 인간의 이탈과 함께 인간은 신이 부여한 이성과 조화하여 정돈된 의미 있는 우주에 거주하는 자신을 존재론적으로 재보증하지 못할 뿐만 아니라, 존재하는 모든 것의 본질적 합목적성 속에서 윤리적 기준을 발견할 가능성도 잃는다. 이제 자연은 그가 이전에 상상했던 어떤 것보다 그 스케일에서 방대할 뿐만 아니라 내적인 목적, 데카르트(Descartes)가 인식한, 순수하며 끝을 알 수 없는 영역의 모습을 한 우주는 없는 그러한 자연으로 보인다. 이것은 그것의 질서를 그가 살아가는 동안 해야 할 옳은 선택을 보증하는 것으로 보아왔던 존재에 대한 결과로 가득 차 있다. "자연적 원인들의 체계로부터 목적론의 추방과 함께, 그 자체로 목적 없는 자연은 가능한 인간 목적에 어떤 신성함을 제공하지 않는다. 코페르니쿠스의 우주처럼 고유의 위계 질서가 없는 우주는, 그 가치를 인정받지 못한 상태로 있으며 자아는 의미와 가치 탐색에서 전적으로 자아 그 자체에 의존해야 한다. 의미는 더 이상 발견되지 않으나 주어지고, 가치는 더 이상 객관적 실재의 관점에서 주시되지 않으나 가치 판단에 기여함으로써 그 위치를 확고히 한다. 의지의 작용처럼 목적은 오직 나 자신의 창조다"(GR, 323).

19세기 말과 20세기에, 니체의 존재론적 허무주의와 하이데거의 결정론에서 절정에 이른 것은 — 매튜 아놀드(Matthew Arnold)의 격조 높고 모범적인 고독한 시 "도버 해안(Dover Beach)"의 비유적인 묘사에 미리 나타난 — 이러한 전개다. 감정이 없고 영혼이 없는 우주에서 고립의 의미는 객관적으로 주어진 가치와 의미의 모든 의미가 제거된 실존주의자의 철학에 기록되어 있다. 이것은 동시대의 인간이 그가 할 수 있는 최선으로 대처한 현대 허무주의의 의미이고 기준이다. 그리고 그러한 세계에서, 고전

형이상학의 통합된 합리성이 거의 말해지지 말아야만 한다는 것은 조금도 이상한 일이 아니다. 또한 옳고 그름의 의미에 대한 객관성과 보편적 타당성을 입증하려는 모든 시도가 너무 연약하게만 보이는 것은 이상한 일이 아니다. 질서 잡히고 목적이 있는 코스모스의 보증 없이는 윤리적 객관성에 대한 어떤 주장이 우리의 욕구들과 정말 타고난 공포들의 무한한 행위에 어떻게 구속될 수 있는지를 아는 것은 어렵다. 기술공학 시대에서 그의 계획된 윤리학에서, 요나스가 마주칠 것은 바로 이러한 도전이다. 여기서 그는 형식에서 새로울지라도, 현재의 허무주의와 형이상학적 회의주의는 역사적 선례 없이는 존재하지 않는다고 하는 그의 관찰에 의해 고무된다. 적어도 이전에 한 번, 고대 그노시즘에서 인간은 어떤 합리적인 도피가 있을 수 없는 의미 없는 세계로 무기력하게 내던져진 것으로 자신을 인식했었다.

요나스는 그노시즘이 발생하고 그것의 힘을 이끌어낸 환경과 현대 실존주의의 발생 상황 사이의 차이점뿐만 아니라 상황적 평행을 지적한다. 그가 말하는 것은 간단하다. 그러나 암시적이며 순수한 힘의 세계에 대한 경험과 관계가 있다. 그러한 세계에서는 에릭 뵈겔린이 "전기독교 시대(the ecumenic age)"라고 부르는 기간 동안 혈족, 종족, 국가의 안전한 질서가 거대한 제국의 힘의 발생과 충돌에 의해 산산이 부서지기도 했었다. 뵈겔린과 비교해서 요나스는 정치적, 사회적 상황에 대해서는 상대적으로 거의 말하지 않는다. 그러한 상황에서는 그노시즘뿐만 아니라 기독교처럼 우주론자 종교와 같은 새로운 형태의 종교가 보편주의자들의 발생 배경에 대한 반란으로서 등장하기도 했었다. 그러나 그는 다음의 사실을 지적하고 있다. 즉, 기독교(유태교, 이슬람교, 조로아스터교)와 비교해서, 초월적 신에 대한 그노시스적 정신과 믿음은 이 세계가 신성한 창조 형태의 어떤 부분을 형성한다는 것과 그것이 신성한 초월 자체보다는 오히려 판명하고 반우주진화론적 허무주의의 근원이라는 것을 부인하는 것에 연결되어 있다는 것이다. 우리가 토마스 아퀴나스주의자의 형태로 스콜라주의의 발생과 함께, 왜 기독교 정통성이 세계에서 인간의 본성과 지위에 대한 통합된 개념에서 안전하고 중심적인 역할을 할 수 있었는지 그리고 형이상학, 인간학과 세속적인 윤리학은 왜 그의 이교도적 코스모스 안에서 인간의 본성과 지위에 대한 아리스토텔레스적인 개념을 상기시키는지를 고려할 때, 이것은 중요성을 가지게 된다. 허무주의의 도전이 한층 더 새로워진 것은 이러한 중요한 아리스토텔레스적인 우주론이 사라지면서부터다. 나는 그노시즘과 현대 실존주의자적인 그노시즘 현상 사이의 평행에도 불구하고, 우리가 시간의 흐름 속에서 허무주의의 한 형태로부터 다른 형태로의 계속적인 역사적 연결은 없다는 관찰로부터 위안을 얻게 된다는 사실의 중요성을 지적함으로써 이 장을 결론지으려고 한다.

오히려 그 길은 서양 사상이 합리적인 형이상학과 중세 스콜라주의의 우주관에 의해 좌우되었던 오랜 기간 동안 강조되었다. 중세 스콜라주의의 우주관은 아퀴나스 철학에서, 통합된 인식의 합리성의 지위를 궁극적인 선(善)의 근원만이 발견될 수 있다고 하는 세계 초월적 신(神)에 대한 새로운 믿음의 요구와 조화시킬 수 있다. 만약 기독교가 그러한 종합을 할 수 있는 여력을 갖고 있다면, 현대 과학의 세계관이 그러한 동일한 것을 행할 수 있으며 또한 우리가 그러한 것을 행할 수 있는 방법에 대한 안내자로서의 요나스를 상정해본다는 것은 불가능한 것일까?

에릭 뵈겔린은 오늘날 우리가 요구하고 있는 것은 이전의 토마스주의자를 재생하는 것이 아니라, 오히려 신토마스주의자라는 사실을 알았다. 한스 요나스가 겸손한 사람이었으며 내가 생각하기에, 그와 그의 성취에 대해 이런 종류의 어떤 것이 있었다는 나의 추론에 의해 그는 다소 충격을 받았다. 이것은 바로 다음의 사실을 말해준다고 나는 생각한다. 즉, 토마스가 아리스토텔레스적인 철학을 자신의 시대의 신학적 정통성과 조화시킴으로써 아리스토텔레스적인 철학을 새롭게 했듯이, 요나스 역시 전체적인 인식의 형태 안에서 현대 과학의 견고한 소산물들을 조화시키면서 그것을 재생산한다. 존재의 역사의 운명 그리고 그것과 함께 형이상학의 운명을 하이데거의 글이 우리로 하여금 한 방향으로의 가정을 하도록 유도하지 않을 것이라는 가능성에 대하여 증명하고 있다.

인간 이성이 손대지 않은 채로 남아 있고 우주가 내부로부터의 이해의 가능성을 계속 제공하는 한, 형이상학의 가능성은 그만큼 열려져 있다. 왜냐 하면 종종 주장되거나 가정된 것과 비교해서 형이상학의 생존 능력과 그것과 함께 합리적 존재론, 인간학 그리고 인간이 번창하기 위해서 해야만 하는 것의 파악을 기반으로 한 객관적으로 발견될 윤리학은 세계 진행 과정의 궁극적 시작과 끝에 대한 완전한 인식을 요구하는 것이 아니라 우리가 이해하는 무엇이냐에 대해 참이라고 아는 것을 말할 자신감을 요구한다.

있어 왔거나 있거나 아마도 있을, 눈에 보이는 그리고 보이지 않는 모든 것들에 대한 이해의 총체에 대한 주장은 순수한 아리스토텔레스적인 의미에서 형이상학의 특징이 아니라 그노시즘의 좋거나 또는 공포스러운 이미지화의 특징이다. 절대 알지 못하는 것을 알려는 주장, 그것은 유혹적이기는 하지만 궁극적으로 철학과 과학이 유사하다고 하는 기만적 행위라 할 수 있다.

제 3 장
유기체와 생명의 철학

　우리는 우리 대학에서 가르치고 탐구하는 대부분의 사람들이 점점 더 적은 것에 대해 점점 더 많이 알게 되었다고 종종 말하는 학문적인 전문화 시대에 살고 있다. 이러한 상황을 지지하는 많은 사람들이 있는데, 이것은 지난 한 세기하고도 반세기 이상이나 지식의 성장은 과거의 주요한 사상가들의 특성을 나타냈던 백과사전적 지식과 19세기의 교양인이 갖고 있으리라 기대했던 일반 지식의 영역이 더 이상 유용한 선택 사양이 아니며, 오늘날 그러한 야망을 열망하는 사람은 누구나 그가 말하거나 쓰려는 각각의 분야에서 아마추어 수준에 지나지 않을 것이라는 근거에 의해서다. 예술과 과학들 사이뿐만 아니라 인간의 지식의 한 작은 영역을 다루고 있는 수많은 전문 저널들의 폭발적 증가세와 더불어, 예술이면 예술, 과학이면 과학 그 자체의 영역에서 각 학문 영역이 지니는 엄격한 경계와 학문간의 활발한 토론이 이루어지지 못하는 것은 더 나은 경력과 전문가로서의 명성을 확실하게 하고 싶은 사람들이 자신이 다루고 있는 주제들 안에서 최신 경향의 지식을 따라가고자 하여 그들의 관심사를 좀더 작은 연구 영역에 한정시킬 수밖에 없어서이기 때문이다.

이것에 덧붙여, 지식의 성장은 교양의 쇠퇴를 수반해왔다는 사실과 함께, 다른 영역들에서의 전문가들이 그들이 발견한 것을 서로서로 이야기할 수 있고, 학문의 미개척 분야에 대한 토론에 참가할 수 있는 일반 언어의 상실 그리고 스노우(C. P. Snow)가 예술과 과학의 "두 개의 문화" 사이의 구분과 상호간의 몰이해라고 불렀던 것에 대한 그의 유명한 항변이 오늘날 지나치게 낙관적인 평가로 여겨지는 상황에 빠진다. 오늘날 대학 환경에서, 우리는 두 개의 문화가 아니라 무한한 다양한 문화를 갖는다. 밀접하게 연관된 영역에서 탐구에 가담한 사람에게조차도 거의 그 토론을 이해할 수 없게 하는 불가사의한 어휘, 즉 집에서 쓰는 은어를 사용해서가 아니라 각자는 외부의 침입에 대항해서 미개척 분야를 지킨다.

해마다 원어로 그리스 비극을 읽었던 칼 마르크스(Karl Marx)의 전기를 읽거나, 그 시대의 학문의 함축에 대한 헤겔(Hegel) 혹은 셸링(Schelling)의 숙고들을 직면할 때 우리는 그들의 독서의 폭과 그들과 관련 없는 분야에서도 분명히 전문가적 깊이가 있다는 것에 놀란다. 그들은 철학자로서의 자신의 특수한 직업을 수행하기 위하여 자신의 분야가 아닌 것에 대해서도 정보를 갖는 것이 바람직하며 꼭 필요하다는 것을 알고 있었다.

그리고 만약 이러한 것이 상식 세계의 통합된 구조에 대해 알기 위해서 우리들이 의존하고 있는 보편적인 인간 지식에 대한 전문가들로 알려져 있는 여러 철학자들에게 이 말이 적용된다면, 실제적인 또는 이론적인 지식의 어느 한 부분의 연구에 갇힌 채 선택적 진술을 하고 있는 철학자의 경우에 그 학문적 업적에서 얼마나 진실성을 가질 수 있겠는가? 조지 슈타이너(George Steiner) 혹은 로저 스크루튼(Roger Scruton)은 사람들에게 폭이 좁다는 의심과 경멸을 받았으며, 쟁점이 될 만한 논쟁거리를 제시한다는 평판을 들었지만 폭넓게 여러 학설들을 넘나드는 저술들을 출간했다. 작은 물고기는 상어 떼로 인해 불안전하며, 본성상 같은 방식으로 그 지식과 관심이 총체적인 지식의 작은 단편으로 국한된 사람들은 그렇지 않은 사람들을 이해하지 못한다.

이러한 관례적인 제도상의 결과는 지금, 특수 분야에서 연구하고 있는 교수들 사이에서 가장 저명한 교수진의 명성에 따라 연구비가 지원된다고 하는 대학 구조에 의해 진작되고 있다. 이러한 사태는 최선으로는, 통속 문화에 대한 토론을 분열로 이끌고 최악으로는, 그의 명성과 자금이 외부인의 판단이 배제된 통속적인 분야 안에서 선배 사기꾼인 동료들과 대화를 하려는 능력과 의지에 의존하는 사기꾼에 의해 지배되는 학과들이 점점 늘어나게 하고 있다. 그런 환경에서 이기심과 반계몽주의가 성장하고, 인류의 선에 이바지한 상식의 추구에서 보편적 대학의 사상에 대해 존 헨리 뉴만(John Henry Newman)이 그렇다고 인지한 것처럼, 지적인 토론을 거친 것에 더 이상 참여하지 않는 사람들이 지배하는 세계로 타락한다. 우리가 영연방에서, 아더 발포어(Arthur Balfour) 같은, 철학자로 가정할 수 있는 국무총리를 갖고 있을 때를 고려할 수는 없다. 그리고 동등한 적용으로 예술과

학문 양자를 알고 가르친다고 추정됐던, 그리고 그 이유로 그의 동료를 창피하게 하는 아리스토텔레스와 같은 인물을 고용하는 데 행복해 하는 대학을 상상하는 것조차 어렵다.

물론 우리 인식에 대한 현재 상태의 범위가 주어진다는 그러한 가정은 그릇되었다. 어떤 사람이 인식의 범위를 통달하려는 무례한 야망의 오만한 결실을 얻기는 불가능하다고 말해질 것이다. 그러나 그러한 논의가 그럴 듯할지라도 어떤 것도 우리 대학이 드문 예외로 다원 종합 대학교, 즉 다른 분야들, 아직 덜 확장된 세계에서 그들의 동료들과 대화할 수 없음을 자랑하는 일군의 잘못 교육받은 극소주의자(micropedists)의 피난처가 될 정도까지 정당화될 수는 없을 것이다.

그러한 환경에서, 지식의 엔트로피가 오늘날처럼 발전되지 않았던 그가 살던 시대에서조차도 한스 요나스는 예외적 인물이었다. 그는 훈련에 의해 후설적이고 하이데거적인 탐구의 꼼꼼함을 학습한 철학자였다. 그리고 필요할 때는 야망 있는 친구들과 기술적인 토론을 할 수 있었다. 출판된 그의 저서는 고대 신화에 대한 연구로부터 생물학적 기술공학의 전망까지를 다룰 뿐 아니라, 내가 이미 지적한 것처럼 많은 당대의 학문적인 저술에서 해를 미칠 수도 있는 특수 용어를 사용한 세련되고 우아한 산문으로 구성되어 있다. 히틀러(Hitler)의 등장이 그의 작업에 어떠한 영향도 미치지 않고 요나스 자신의 일에 몰두할 수 있는 상황이 될 수 있었더라면, 그는 역사와 종교 철학 분야의 전문가로서의 위치에 있거나 또는 그 분야를 연구하는 다른 동료들에 의해 조심스럽게 읽힐 수 있는 글들을 썼을 것이다. 또는 생계 수단을 위해 반드시 해야만 하는 노동으로부터 즐거운 기분 전환이나 혹은 경제적으로 어떠한 대가 없이 단지 매혹적으로 보이는 취미를 추구하는 축복 받은 다른 사람들 가운데에 한 명의 교수로서 세상에 알려졌을 것이다.

실제로 일들은 그렇게 되지 않았다. 강제로 추방되었던 일, 그리고 스스로 전쟁에 뛰어들어 피를 흘렸던 일은 요나스로 하여금 오로지 학문적 업적만을 쌓아가려는 전심전력에서 벗어나게 했지만 동시에 현대 세계에서 요청되는 철학적 질문들에 대한 탐색에서 그의 시각을 확대시켜주었다. 동시에 그는 그 시대의 가장 현명한 철학자는 아니었으나 가장 위대한 철학 교사인 하이데거의 지도 하에 철학 교육을 받았으며, 그로 하여금 복잡한 그노시스학파의 탐구에서 이름을 날리게 한 지적 엄격함은 정치적 사건에서의 그의 운명적 응답과 함께 그가 전쟁터에서의 죽음의 위협에 직면함으로써 생명 현상에 대한 연구로 되돌아왔을 때 그에게 도움이 되었다. 거기서 그는 그노시즘에 대한 그의 탐구에서처럼, 받아들인 인식을 겉핥기하며 관련 있는 분야를 이미 일구어온 다른 사람들의 결론을 타당하게 여기는 데 만족하지 않는다. 대신에 그는 그의 정신을 관련 있는 학문을 통달하는 데 썼는데, 왜냐 하면 하이데거에 머물러 있는 민감해진 그의 인식으로부터 삶의 행위에 적절한 결론을 이끌어내는 데 민감해진 최초의 가장 뛰어난 철학자였기 때문이다. 그가 희귀한 생물에 지적인 태도로 그렇게 할 수 있는 것은 일반적으로 교양 있는 독자가 명석하게 말하는 내적인 재능이다. 그가 그렇게 하는 것은 첫째로, 철학과 과학은 둘 다 학문적 속성을 연속해서 보존하고 있는 결과물이라는 점과 둘째로, 다른 것 없이 하나를 추구하는 것은 종족의 미래 전망에 치명적인 담론이자 실행이 될 수 있다는 점이다.

　명확한 문체의 계발 및 과학적 탐구와 철학적 숙고가 상호 도움을 줄 수 있다고 고집함으로써 다행히도 요나스는 하이데거의 범례를 탈피할 수 있었다. 그렇게 함으로써 요나스는 애매하기로 악명 높은 하이데거 글들의 단점을 상쇄시켜줄 수 있는, 깊은 사색적인 그 어떤 것도 없이 단지 껄끄럽게 느껴지는 과장된 문체만을 물려받은 프라이부르그 전문가의 추종자들을 비난하는 입장에 서서 저술 작업을 했다. 철학적으로 깊이 있는 모든 것이 데카르트(Descartes), 흄(Hume), 최근의 산타야나(Santayana), 비트겐슈타인(Wittgenstein) 같은 철학자처럼 문체적으로 모호하지만은 않다는 것이 증명된다. 그리고 그것이 모든 훌륭한 사상가가 마음에 드는 저자여야만 한다는 어리석고 부당한 요구일지라도 ― 결국 칸트(Kant)의 『순수이성비판』과 『실천이성비판』의 악명 높게 어려운 글이 없다면 철학은 어디에 존재할 수 있겠는가?

　철학자가 적어도 내용뿐만 아니라 문체에도 똑같은 관심을 쏟으며 자신의 의견을 개선해나가도록 노력해야 한다고 요구하는 것은 충분히 강조할 만하다. 그의 일이 과학의 시대에서는 철학적 추론을 가능하게 하는 여지가 있고 철학의 숙고적 담론에는 과학에 대한 여지가 있다는 신념 하에 자신의 관심 분야를 다루고 있는 것도 바로 위에서 언급한 그러한 신념에 의해서다. 모든 요나스의 저술들 중 이 두 개의 확신 사이의 조화로운 통일체가 가장 풍부하게 보인 것이 바로『생명의 현상 : 철학적 생물학을 향하여』(1966년) 안에 모아진 에세이에서다. 그 저서가 다루고 있는 문제는 우리가 상상할 수 있는 것보다 여러 면에서 깊이가 있고 본질적으로 복잡할 수 있지만 그것은 단지 유기체의 특수한 차이점들에 대해 말하고 있으며, 인간 그리고 에너지를 갖고 있는 물질인 우주라는 범위에서 다루고 있다. 글을 쓰는 방식에서 불가피하게 독자들의 세심한 주의가 요구되기는 하지만 소설가나 심지어 시인들조차도 부러워할 만한 문학적 재능이 엿보인다.

"철학적 생물학"이란 무엇인가? 다른 자연과학처럼 생물학이 그 자체에 충분한 경험적인 분야의 학과라면, 철학자가 그 영토에 침입한다고 가정할 때 어떤 일을 해야만 하는가? 그는 가치 있는 어떤 것을 그 자신의 불안정하고 논쟁적인 학설과 비교해서 새로운 발견으로 가득 찬 성공적인 것으로 가져갈 수 있는가? 그리고 그는 대중으로부터의 존경심을 얻을 수 있을 뿐만 아니라 가장 뛰어난 철학자들로 하여금 산만한 사무원이나 잘못 만들어진 컴퓨터 프로그램의 실수로 은행 예금 잔고에 몇 개의 영을 덧붙이지 않았는지 확인하기 위하여 급히 은행으로 달려가도록 만들 수 있을 정도로, 투자 가치를 요구할 수 있는 성공적인 것으로 가져갈 수 있는가?

첫 번째 질문에 대하여, 요나스는 생물학자가 다른 자연과학자들처럼 그의 학설을 가정적으로 형성되지 않은 공공의 간섭으로부터 지킨다는 발전적인 가치와 시기심의 관점에서 길게 인용할 가치가 있는 강력한 대답을 한다. 두 번째와 세 번째 질문에 대해서는, 우리가 요나스 책의 내용과 생명의 행위에 대하여 생물학이 지니는 함의, 즉 윤리학을 검토할 때만 그 질문들에 대답할 것이다. 확실히 그 질문들은 우리가 곧 취급할『책임의 명법』에 대한 윤리적 토론의 범위에 포함될 때만 더 완전하게 대답될 것이다. 왜냐 하면, 최소한 요나스가 인식했듯이 그것은 자의적인 명령이나 직관에 호소해서가 아니라 생활 사태를 다루는 합리적이며 깊은 사색적인 행위에 의해 진행된다고 하는 윤리적 판단의 본질과 관련되어 있기 때문이다.

그러므로 생물학적인 사태와 생명과학의 미래 행위를 언급하는 윤리학은 ― 그리고 요나스가 이렇게 행한 것은 ― 유기체의 분명한 구조인 생명 자체의 본질을 고찰할 수 없거나 혹은 생물학의 최근 발전에 의해 인간 생명을 포함하여 생명의 미래에 대한 함축적인 의미를 고찰할 수 없다. 그 점은 틀림없이 명백하다. 그럼에도 불구하고 그것은 강조되어야 하는데, 왜냐 하면 그러한 이슈가 커다란 관심사가 될지라도 음식물의 유전학적 변형, 의료 윤리학, 안락사, 생태학, 많은 다른 영역에 대한 토론에서 목격된 바에 의하면 이러한 많은 토론은 한편으로 특별한 영역에서는 연구원이나 다른 한편으론 자신의 편에서 말하는 압력 단체의 저널리스트나 대변인을 포함해서 최근의 여러 발전들에 의해 발생된 대중들간의 상호 몰이해와 맹목적 의심으로 특징을 이룬다. 종종 그 결과는 남의 말을 듣지 않는 귀머거리 대화를 하게 함으로써 문제에 진지한 접근을 할 수 없게 하고 우리를 위해 아무런 결과도 가져다주지 않는다.

그 어떤 철학자도, 즉 요나스만큼 많은 지식을 갖고 있고 식별력 있는 사람이라도 이러한 이슈들 중 어떤 것을 해결할 수 있으리라고 가정하는 것은 어리석다. 어쨌든 그것은 새로운 문젯거리를 끊임없이 제기할 것이며, 특히 생물학 분야에서 인간과 같은 생물체에 상당한 실제적 영향을 미침으로써, 그러한 영향의 결과물들을 향유하거나 혹은 그 결과물들로 인하여 고통받고 있는 사람들 사이에 논쟁을 불러일으킬 것이다. 그리고 이러한 것은 과학적 탐구의 본질 안에서 이루어질 사안이다. 슬프게도 요나스는 이제 죽은 사람이며, 내가 요나스를 예로 든 것처럼 예언할 수 있는 천부적 재능이 있는 그 어떤 사상가도 위에서 언급한 결과물들에 대한 부분적으로 예측할 수 있으리라고 상상하는 것은 이성적이지 못하다. 동시에 우리가 그의 저서에서 배울 수 있는 것이 한 가지 있다면 그것은 유기체 자체와 인간이라는 유기체의 특별한 형태는 구조적이고, 존재적으로 어떤 특징적인 것들에 의해 결정되며, 바로 그 유기체의 생존은 그 특징들의 유지와 보존에 달려 있다는 것이다. 그리고 이것들은 상대적으로 일정하다.

　나는 유기체를 있는 그대로의 현재의 모습으로 만드는 본질적인 특징들의 결합을 "구조적 결정(structural determination)"이라고 표현한다. "존재론적 결정(existential determination)"이라는 말은 인간의 경우에 계속 생존하기 위해서 꼭 있어야만 하는 사회적이고 정치적 환경을 포함하는 환경과의 관계라는 측면을 의미하는 것이다. 후자의 경우, 즉 "존재론적 결정"은 유전자 조작의 발전 가능성과 함께 고려될 수 있으며 전자, 즉 "구조적 결정" 역시 그러한 이슈들에 대하여 고려할 때 질적 판단들을 필요로 하고 있다. 그리고 본질적으로 과학만이 그러한 질적 판단을 내릴 준비가 되어 있지 않다. 참으로 과학자가 그러한 사태를 언급했을 때 그는 원칙상 인류의 어떤 다른 합리적이고 지적인 구성원에게 유용한 합리적 장치를 갖고 그렇게 행한다. 이점을 때때로 과학자는 잊으려는 경향이 있다. 그러나 그러한 판단들은 유기체의 생존 그 자체를 위한 조건들이 아니라 유기체가 번창하고 그래서 그것들의 내적 잠재력이 충분히 발휘된다는 측면을 우리가 고려해볼 때 더욱 분명해진다. 여기서의 취급은 수단뿐만 아니라 목적의 취급이며, 그러한 판단의 합리성은 각자의 삶의 형태의 내적인 목적성뿐만 아니라 전체적으로 코스모스의 목적성을 가정하는 아리스토텔레스적인 과학의 목적론적 가정에 의존하고 있지 않다. 어떤 환경 하의 유기체는 성장할 것이고, 다른 환경 하에서는 시들거나 사라질 것이라는 점은 충분히 알 수 있다. 화초를 돌보거나 열대어의 어항을 갖고 있는 어떤 사람은 내가 의미하는 것을 알 것이다. 특별한 환경에서 생존하는 데 적합한 유기체인 인간의 경우에 식물 혹은 물고기에서보다 더 복잡하다. 그러나 적절한 고려의 범위는 원칙적으로 똑같다.

만약에 명석하게 사고하기를 훈련받은 철학자가 그러한 이슈들을 언급하는 준비가 안 되었다면, 그 철학자가 누구인지 말하기는 어렵다. 그러나 이러한 일이 일어나는 데 최근 유행하는 것보다 더 넓은 의미에서 철학자는 그의 임무를 인식할 준비가 되어 있어야만 한다. 오늘날 영국에서조차 그러한 철학자가 존재한다는 것은 확실하다. 그리고 흥미롭고도 의미 있는 점은 분석학파들의 흔한 관습의 한계점들을 뛰어넘은 사람들 중 여자들이 이상하게도 높은 비율을 차지한다는 것이다. 여기서 나는 메어리 워녹(Mary Warnock), 메어리 미즐리(Mary Midgley) 그리고 특히 고인이 된 아이리스 머독(Iris Murdoch)이 생각난다. 내가 아는 한 그들 중 어느 누구도 요나스만큼 폭넓게 또는 깊이 있게 철학적 생물학에 접근하지 못했다. 그것은 우리를 우리의 첫 번째 문제, 즉 철학적 생물학이 무엇인가라는 문제로 되돌아가게 한다. 요나스는『생명의 현상』의 서론에서, 그에 대한 해답을 해주고 있다.

요나스는 그의 주제를 "생물학적 사태에 대한 '존재론적' 해석"을 제공하려는 시도에 국한시킨다. 요나스가 관찰한 바에 따른 "현대 실존주의"는 오직 인간에게만 있는 것인데, 이것은 상당 부분이 유기체의 존재 그 자체에 뿌리박혀 있는 유일한 특권이며 범주로서 주장하는 경향이 있다. 즉, 그렇게 함으로써 "현대 실존주의"는 자아에 대한 인식으로부터 습득하게 된 통찰을 억누르고 있다. 그 부분에서 물리적인, 즉 외적인 사태들에 국한된 규칙에 의해 과학적 생물학은 생명에 속한 내적인 것의 차원을 무시해야만 한다. 즉, 그렇게 함으로써 그것은 '생물적'과 '비생물적'의 구별을 수면 아래로 감춘다. 생물학적 기록을 새롭게 읽음으로 유기체적 사물에 대한 인식에서 ― 우리가 가장 잘아는 ― 내적인 차원을 회복시킬 수 있다. 그래서 데카르트 이래로 정신적이고 물질적인 것의 분리를 통해 그것이 잃게 된 이론적 도식 안에 자리잡은 생명의 심리적-물질적인 통일을 회복할지 모른다. 따라서 다음의 탐구는 자연과학에 대한 물질론자의 경계뿐만 아니라 이상론자와 실존주의자의 철학에 대한 인간학적인 경계를 돌파한다. 생명체의 신비로 양극들은 사실상 통합된다. 인간이 발견한 커다란 모순은 ― 자유와 필연, 자율과 종속, 자아와 세계, 관계와 고립, 생성과 소멸 — 존재와 비존재 사이의 균형 잡힌 각각과 "초월"의 내적 영역을 이미 부여받는 각각이라는 가장 원초적인 생명의 형태에서조차 미발달의 흔적을 갖는다는 것이다. 요나스는 이러한 단일 주제를 기능들의 상승 질서를 통해 발전하는 것으로써 추구한다. 즉, "신진 대사, 운동과 욕구, 감각과 지각, 상상, 예술과 정신 — 그가 더 이상 그 자신을 형이상학적으로 고립된 것으로 보지 않는 한, 그의 독자성을 새롭게 이해하는 최고점에 이른 인간의 자유와 위험이라는 진보 척도들이다"(PL, Xi).

그런 일이 일어날 것을 의심하여 요나스는 그의 독자들에게 그들이 타일하르트 드 샤르댕(Teilhard de Chardin)의 점진적 낙관주의의 어떤 것도 발견할 수 없었던 그의 저서에서, 삶을 인간에게 최고의 완성으로 가는 하나의 장엄한 행진으로 생명을 묘사하는, 즉 "형이상학적 성공담"으로 더 잘 알려져 있는 것에 대하여 어떤 것도 알 수 없을 것이라 환기시키고 있다. 그 대신에 "그는 하나의 실험으로 비쳐지는 삶을 발견할 것이다 그 실험은 운명적인 인간의 자유에서 성공뿐만 아니라 재난을 가져올지도 모르는 날로 증가일로에 있는 내기들 그리고 위험과 함께 하고 있다"(PL, X). 요나스의 도구들은 유기체의 다양한 형태를 비판적으로 분석하고 현상학적으로 묘사하는 것이다. 그러나 극단으로 그는 생명의 목적에 대한 궁극적이며 인간적으로 피할 수 없는 문제에 대한 신중하나 무의미하지 않은 형이상학적인 사색을 할 준비가 되어 있다. 이것들은 그의 출발점은 아니지만 현대 경험과학에 의해 드러난 생명체의 있는 그대로의 사실들에 대한 고찰이다. 이 점에서 어떠한 사변적 심미안도, 신념에 대한 도약도 요구되지 않는다.

요나스는 그의 관심을 생물학의 문제들과 인간 본성에 대한 이해의 중요성으로 돌린, 현상학적으로 훈련된 유일한 철학자는 아니다. 1928년에 헬무트 플레스너(Helmuth Plessner)는 『유기체의 삶과 인간의 여러 단계들(*The Stages of Organic Life and Man*)』이라는 책을 출판했다. 그 책에서 그는 유기체적 생명을 이해하는 배경에 대항해서, 인간 존재의 특이성을 체계적으로 이해하는 데 노력했다. 이것은 1985년에 그가 죽을 때까지 반복적으로 되돌아간 철학적 인간학의 중심 주제다. 플레스너의 책은 20세기 독일 철학의 확실한 걸작 중 하나다. 그리고 그것은 영국과 미국의 대학에서 "대륙 철학"이라 불린 것에 대한 최근의 흐름에 대한 통탄할 만한 진술이다. 신(新)마르크스주의의 프랑크푸르트학파의 마지막 유혈이 영어로 번역되어 시장에서 발견되는 반면에, 플레스너의 걸작은 자연에서의 인간의 위치에 대한 요나스의 숙고처럼 그것은 인간 사태에 관한 전망을 나타낸다. 그것이 처음 출간되었을 때보다도 최근 발전된 과학의 관점에서 더욱 자기 이해에 도움이 될 수도 있다.

더욱 이상하게도 요나스는 철학적 생물학과 인간학에 관한 자신의 에세이에서 플레스너를 인용하지 않았다. 플레스너는 생물학적 한계성 때문에 현존재의 존재론을 비판했었다. 그런데 플레스너의 여러 언급들도 결점을 갖고 있는 하이데거에게는 그렇게 특별하게 받아들여질 것이 없다. 요나스는 그러한 플레스너의 언급들을 불필요한 것이라 생각했는데, 그 점에서 요나스가 실수한 것이라고 나는 생각한다. 어쨌든 생물학적으로 뿌리가 깊은 인간의 유일성에 대한 요나스의 진술과 다소 더 오래 전에 언급한 플레스너의 진술 사이에는 확실히 유사한 점이 있다는 것을 놓치고 지나쳐서는 안 된다.

1928년에 플레스너의 저서와는 달리 『생명의 현상』은 단일한 체계적 논문은 아니다. 오히려 그것은 1950년 전반기에 출판된 에세이의 전집으로 구성되어 있다. 또한 그것 중 일부는 요나스의 다른 책 안에 나타난다. 그리고 그 나머지는 저자가 이전 에세이의 내용과 관련된 이슈들을 논의한 것으로, 나중에 쓰여진 부록에 추가된다. 더군다나 이러한 에세이들의 일부는 ─ 예를 들면 『하이데거와 신학』과 『가사성과 현대 기질』 ─ 철학적 생물학과 생명철학인데, 그 자체의 주제를 넘어서면서 책의 범주를 확장한다. 그러나 이것은 우리에게, 1974년의 모음집인 『철학적 에세이』처럼 저자의 관심의 모든 범위를 다루는 저술 선집이라고 상상하도록 해서는 안 된다. 생명철학이 수반하는 것에 대한 요나스의 개념에 맞게, 그 에세이는 유기체의 가장 단순하며 원초적인 기원으로부터 시작하여 인간 존재의 복잡성에 이르기까지 새로운 생명 논리를 이끌어내는 과정별로 논리적 연속적으로 분류되어 있다.

이러한 논리는 전체에 통일성을 주고 있으며, 요나스가 1966년에 쓰려고는 했으나 쓰지 않은 저서의 체계적 진술에 대한 적절한 대용물이 되고 있다. 실제로 생명의 복잡한 형태에 관한 그의 연구가 윤리 문제를 향해 열려 있기 때문에 ─ 『책임의 명법』의 주제 ─ 어떤 것도 계획의 통일성을 잃지 않는다. 요나스의 철학적 생물학이 별개의 장에서 펼쳐진다는 점은 그의 논의가 진행되는 접근 방식을 독자들로 하여금 더욱 분명하게 파악할 수 있도록 해준다는 측면에서 독자들에게 도움을 준다고 사람들이 말할지도 모른다. 만약 그렇지 않았더라면 물질과 정신, 영적 영역과 세계의 물리적 형태 사이에 존재하는 연관성 없는 이원론, 이것은 데카르트 이래로 서양철학을 지배해온 것들인데, 이것에 대항한 어떠한 직업적인 논의도 금지되었을 텐데,『생명의 현상』에서는 위에서 언급한 그러한 이원론이 극복할 수 없는 사색적 단계를 통하여 독자들이 좀더 이해하기 쉬운 방법으로 독자들을 새로운 세계로 안내하고 있다. 게다가 그 책이 에세이로 구성되어 있다는 사실은 요나스에게 인공두뇌학 혹은 제임스 진즈(Sir James Jeans)의 가설의 견지에서 목적을 이해하는 부적절성과 같은 주제를 논의하게끔 한다. 제임스 진즈의 가설은 세계의 궁극 목적이 수학의 견지에서 이해될 수 있고, — 존재론, 즉 존재의 이론이 물리학의 문제로 환원될 수 있다는 주장에 내재해 있는 자연주의적이며 물질주의자적인 가정 — 체계화된 논문에서 우리로 하여금 논의의 요점을 빗나가게 만든다.

요나스가 에세이 형식에 의존하는 것은 우리를 즉시 한 단계 더 나아가도록 허용하며, 그가 주장하는 반자연주의자의 입장이 어떤 합리성의 희생도 요구하지 않고, 경험적 지식에서 낭만적 진술이나 직관에 호소하는 주관성으로 나아가기를 요구하지 않는다는 확신에 찬 경험으로부터 나온 것이다. 여기에서 요나스의 자연철학은 19세기의 선행자인 셸링의 자연철학보다 우월하고 심지어 20세기의 화이트헤드(Whitehead)의 유기체철학 같은 것보다 우월하다. 화이트헤드의 유기체철학에서 우리는 과학의 영역은 하나 혹은 다른 지적인 술책에 의해 이해된다는 인상을 갖는다. 그러한 구조에서는 자연과학이 우리에게 실재(reality)에 대한 총체적 설명을 해줄 수 없다고 확신하고 있는 사람들에게는 위로가 되지만, 과학이 오늘날의 기술공학 시대에서 실현될 실제적인 업적들에 기반을 두고 있는 지식의 분야에서 그 탁월함을 인정받는 시대에서 그러한 구조는 과학자 자신에게나 과학이 삶의 문제들을 해결해 줄 것이라고 믿고 있는 사람들에게 확신을 주리라고는 기대할 수 없다.

오늘날 변증법적 이성의 함축들과 "사실에서 매우 많은 것이 더 나쁘다"는 사태의 증명 사이의 불일치에 직면할 때, 우리는 헤겔을 주목하게 할 수 있는 숭고하나 교만한 자신감에 웃음 지을 수 있다. 단순한 경험적 탐구보다 질적으로 더 우수한 그리고 이성에 기반을 둔 과학적 수준으로서의 지적 가치인 총체적 이성주의는 신의 섭리에 의한 진보를 확신하는 세계에서는 거의 사라졌음에 틀림없다. 그리고 현재 이성주의는 아놀드의 "도버해안"의 문장에서 우리가 "우울하고 긴 위축된 고함소리"만을 들을 뿐이라는 생각에서 나오는 타락한 반향과 다를 것이 없어보인다. 만약 그때 우리가 아놀드의 애인처럼 남겨지지 — 참으로 서로서로 — 않았고 혼자만 있다면, "무리한 군인들이 밤에 충돌하는", "어두운 광야에서", 우리는 아리스토텔레스적 자연과학의 목적론적인 우주론처럼, 최근에 믿을 만한 신앙주의적 진보주의와 다른 응답의 형식을 요구한다. 그 아리스토텔레스적 자연과학에서 모든 것은 적절하며 인간적으로 지적인 측면으로 혹은 커다란 존재의 고리에 대한 지적인 플라톤적 신념으로 향하는 경향이 있다. 본성상 그러한 응답은 현대 과학의 함축이나 또는 현대 과학이 이러한 함축들을 포함하고 있으나 구체화해야만 하는 보편적 우연성을 피할 수 없다. 그리고 여기서 아리스토텔레스적인 계획은, 그것이 그 시대의 최상의 과학에 대한 확실한 파악과 그것에 대한 존경에 기반을 두고 있는 한 본보기다. 요나스가 『생명의 현상』에서 따르는 것이 바로 이런 예다.

에세이의 서론으로서 요나스는 "생명철학의 주제에 대하여"라는 간단한 소개로 시작한다. 생명철학은 유기체의 철학과 정신의 철학으로 이루어진다. 이것은 그것이 그것의 실행 과정에서 달성해야만 할 생명철학의 첫 번째 명제 — 실은 생명철학의 가설 — 다. 왜냐 하면 범주에 대한 진술은 가장 낮은 형태에서조차도 유기체는 정신을 예상하고, 정신은 가장 높은 도달에서조차 유기체의 부분으로 남아 있다고 표현되기 때문이다. 전자가 아니라 논쟁의 반인 후자는 현대적 신념과 조화를 이룬다. 그러나 후자가 아닌 전자는 고대의 신념과 조화된다. "양자 모두가 타당하고 분리할 수 없다는 것은 고대와 현대의 분쟁을 뛰어넘어 존립하려는 철학의 가설이다"(PL. 1). 요나스 철학은 현대 철학이고 회복의 철학이라는 것을 내가 제1장에서 주장했을 때, 그것은 내가 의미하고자 했던 것을 가장 잘 표현하고 있다.

두뇌의 유기체적 과정에서의 정신의 뿌리와 유기체, 즉 생명 조직의 자기 혁신 과정을 허용하는 특별한 방식으로 구성된 화학적 요소들로부터의 두뇌 구성의 뿌리를 인식하지 못한다면 우리는 현대 과학을 학습하는 데 실패할 것이다. 그러나 우리가 정신의 자율성이 어떤 동일한 방식으로, 유기체 자체에 어울리는 속성 안에서 예상되고 준비된다는 것을 알지 못한다면, 우리는 무생물과는 전혀 다른 것으로서의 생물체의 분명한 특이성을 이해하는 데 실패할 것이다. 물질은 물질적 연장 외에 어떤 다른 속성도 갖고 있지 않고, 정신은 어떤 물질적 속성도 갖지 않는다고 하는 데카르트의 이원론이 인식하는 데 실패한 것이 바로 위에서 언급한 내용이다. 그리고 비록 현대 생물학이 데카르트적이 아니거나 또는 최소한 그것 자체를 인식하지 못할지라도 그것이 작용하는 물질의 개념은 화학과 물리학으로부터 나오는데 물질, 즉 혼합 물질을 측정될 수 있는 것과 동일시하는 개념이다. 그러므로 생물학이 생명의 과정을 묘사할 수는 있지만 생명이 구성하는 것을 지속적으로 확인할 수는 없다.

이것은 생명이 언제 어떻게 기원되었는가 하는 유전적 질문이 아니라 생명이 무엇인가와 관련된 형태학상의 질문이다. 생명의 기원에 대한 질문은 대답되거나 신비스럽게 남는다. 어느 쪽으로 해도 우리는 생명의 특이성이 구성하고 있는 것에 대한 실질적인 어떤 것도 말하지 않는다. 생명체의 속성들에 대한 적절한 기술은 어떻게 그것이 시간을 지나면서 발전했는가에 대한 적절한 이해와는 독립되어 있다. 인류는 생물과 무생물 사이의 질적인 차이를 이해하기 위해서 다윈의 진화론을 필요로 하지 않는다. 진화는 분류가 아니며 건전한 분류는 어떤 진화에 대한 지식도 요구하지 않는다. 이것은 명백한 점이며 또한 중요하다. 그 중요성에 대한 인식은, 요나스의 철학적 숙고가 그것 자체를 더 이상 인식하지 않는 형이상학에서 구체화된 은밀한 가정들의 부적절성을 극복하도록 우리에게 도움을 주는 방식과 우리가 반형이상학적 시대의 절대적인 형이상학이라고 부르는 것을 이해할 수 있도록 하는 데 우리에게 도움을 준다.

1981년에 MIT출판사에서는 『과학 시대의 이성(*Reason in the Age of Science*)』이란 제목으로 한스 게오르그 가다머의 에세이 모음집을 번역해서 출판했다. ― 그것은 요나스 저서의 전체적인 좌우명으로 제공될 수 있었다. 가다머는 요나스가 그랬던 것처럼, "1920년대에 후설, 하이데거, 불트만과 같은 스승이 만든 학파에서" 요나스가 말한 것처럼, "만들어진" 철학자다. 그는 그의 논문 『진리와 방법(*Truth and Method*)』으로 잘 알려졌는데, 『진리와 방법』은 "해석학적 철학"이라 불리는 것 중 가장 뛰어난 진술로 여겨지고 있다. '해석학(hermeneutics)'이란 용어는 그리스 철학에서 유추되었는데, 최근에는 앵글로색슨의 "분석철학"과 대립적인 것으로 "대륙(철학)"이라 불리는 것에서 전문가들 사이에서 넓게 통용된다. 분석철학은 비트겐슈타인과 비엔나학파의 추방된 이론가와 같이 잘 알려진 "앵글로색슨"의 영국철학협회에 대한 선물인데, 그것은 영국 철학자들이 특히 자부심을 갖고 있는 개념적 명료성과 목적의 적절성에 대한 요구에 의하여 미숙한 사고 방식을 상징하는 다소 신비스러운 용어로 여겨지게 되었다.

해석학적 철학자들은 분석적인 동료들과 비교해서 비트겐슈타인보다 오히려 모호한 하이데거를 20세기의 가장 유명한 사상가로 택한다. 그 시기는 『존재와 시간』에서 본질적으로 "해석학적"이란 용어로, 철학을 "현존재(Dasein)의 기초 존재론", 즉 세계-내-있는-존재의 인간 위상(상황)과 관련된 것으로 국한시킨 사람은 바로 하이데거라는 역사적 진실과 결합시킨 이런 주제에 대한 그의 노고가 잘 알려지지 않는다는 사실은 해석학적 철학의 중심 주장이 단순하고 확신이 있다고 우리가 인식하는 데 실패했다는 역사적 진실과 결합하여 있다. 철학은 사실상 경험적으로 주어진 인간 위상의 실재성을 합리적으로 고찰하고 해석하는 일이다. 하이데거가 이 계획을 거창하게 생각하고, 그의 공공연한 추종자들이 그의 저서에서 가장 신비한 것에 집착해왔다는 사실에서 알 수 있는 것은 그들이 그것의 중심에 있는 진화의 단일성을 잊지 않는다는 것이다. 즉, 현존재(Human beings)는 — 우리가 우리 자신이 그렇다는 것을 아는 자아들 — 생존하기 위해서 그들이 숙고를 통하여 지향해야만 하는 세계에서 그들 자신을 찾는다. 사려 있는 행위는 그런 숙고의 결실이다.

　해석학은 사변적 해석을 실천하는 것이며, 현존재의 해석학적 존재론은 세계 내의 인간의 본성과 위상을 이해하는 것과 관련된 철학이다. 그런 야망을 버린 어떤 철학자는 소명을 저버리는 것이며 그렇게 함으로써 인간 존재를 합리적 탐구를 추구하는 존재로서 정당화시키지 못한다. 무엇이 철학을 과학과 구별시키는가? 또한 어떤 것이 실재를 합리적으로 묘사하고 설명하기를 열망하는가? 내가 알 수 있는 이 질문에 대한 해답은 다음과 같다. 말하자면, 과학은 우선적인 첫 번째 순서에 올 행위라 할 수 있으며 그 행위의 대상은 세계 현상에 대하여 탐구하는 일이다. 자연과학, 물리학, 화학, 생물학은 인간이 그것을 있는 그대로 발견한, 현상 세계의 실제 속성들을 연구한다. 독일인들이 정신과학이라고 부르는 문화사회학에는 역사, 사회학 그리고 우리가 뇌라고 부르는 유기체의 한 부분을 연구하는 것으로 뿌리내린 심리학이 포함되는데, 이러한 문화사회학들은 그 영역에서 세계와 세계가 제공해줄 수 있는 가능성들을 만들어왔고, 만들고, 앞으로도 만들지도 모른다. 철학에서는 그것은 전체 지식이 전달할 것에 관한 두 번째 고찰이다. 많은 학문적 다양성 안에서의 과학의 발견물들뿐만 아니라 실재에 대한 상식적 지각의 증거들이 전달할지도 모르는 것들을 포함하는 총체적 지식에 대한 고찰이다.

그러므로 철학 그것의 목적은 인간이 거주하고 있으며 또한 그 속에서 자신의 길을 가야만 하는 그러한 세상의 총체성에 대한 인식이 일어나도록 하는 것이다. 형이상학 혹은 17세기 이래로 불려왔던 것으로서의 존재론은 실재에 대한 통합된 인식을 이론적으로 설명해주는 것이다. 윤리학은 바람직함을 결정하려는 합리적인 시도 혹은 현존재가 번창할 수 있는 상황에 있다는 것을 우리가 안다는 것과 조화하여 실재성을 다루는 또 다른 방식이다. 존재론이 상식과 과학의 자료들을 숙고하며, 그 자료들의 중요성에 관한 비판적 평가를 통하여 그 실재성에 대한 전반적인 이해를 제공하고자 하는 것처럼, 윤리학은 인간 행위의 미래 진행을 인도하기 위하여 존재론에 관한 자료들에 대하여 숙고한다. 존재론은 생명의 사실들에 대한 해석상의 혹은 해석학적 진술이다. ― 그의 어떤 강연에서 하이데거는 (우아한 문체의 부족으로) "사실성의 해석학"이라 불렀다. 윤리학은 지향된 해석, 즉 생명의 사실들이 실제로 혹은 잠재적으로 그들의 틀 안에 거주하는 사람들에게 허용하는 것에 대한 해석학이다. 존재론과 윤리학은 철학이 내재하는 사색의 두 가지 연속적인 수준에 대한 고찰이다. 존재론 없이는 윤리학이 인식 내용에서 맹목적이며 텅 빈 것처럼, 존재론은 과학과 상식적 지각이 전달하고 있는 것에 대한 인식 없이는 형성되지 않는다.

요나스는 단지 이런 통합적인 의미에서 철학자다. 그는 인간의 현재 그리고 미래 상태에 대해 우리가 알고 있는 것에 대한 종합적인 고찰에 기반을 둔 윤리학과 존재론을 제시한다. 그것은 하이데거와 다르게 그가 고찰하는 정보의 현재 과학의 자료를 포함한다. 하이데거는 그 자료를 우리가 여기서 고찰할 수 없다는 이유로 파생적이고 이차적인 중요성으로 처리한다. 이것은 요나스의 "사실성의 해석학"을 만들었다. 이 문구는 문체의 부적절함의 근거로 그가 거절했는데, 비록 그것이 현대 과학적으로 알려진 세계관에 의해 이해되지 않는다 할지라도 감동을 받은 독자에게는 하이데거의 것보다 더 본질적으로 합리적이고 더 그럴 듯하게 받아들여질 수 있다. 그것이 더 이상 참인지 어떤지 나는 독자에게 결정을 남긴다. 어쨌든 생물학에서의 최근 발전들의 중요성과 일반적 지각으로는 경외롭고 두려운 관심을 불러일으키는 『생명의 현상』에 관한 에세이 모음보다 더욱더 대중적 관심과 관련된 철학적 저서를 상상하기란 힘들다.

에세이의 관련성은 비과학적인 대중에 국한되지 않는다. 왜냐하면 과학자들은 요나스의 고찰들로부터 많은 것을 배운다. 과학자들은 과학만으로는 해답을 줄 수 없는 그러한 문제들에 대한 평가인 철학적 인식 수준 정도의 지식을 갖고 있다. 그러한 평가는 과학적 탐구 행위가 부여된 것의 형태로 가르쳐지지 않는다.

전문적인 과학자가 되는 것은 상당한 지식 및 본질적으로 다른 영역에서의 오랜 도제살이를 요구한다. 이것은 이론물리학보다 생물학에서는 다소 덜하긴 하지만 그래도 상당 부분이 그렇다. 가장 지성적인 전문 과학자의 교육적인 형성에서 아무것도 그를 아마추어 철학자로 훈육시키지 않는다. 과학자를 그 장면의 지적인 관찰자보다 오히려 덜 유능한 철학자로 만들어준, 두 개의 서로 관계가 없는 요소들이 있다. 첫 번째는 과학 교육이 지속적인 지적인 전념을 요구하는 정도다. 그것은 정신적으로 요구되는 다른 개입을 가로막는다. 과학자는 낚시 혹은 음악 감상을 하면서 쉰다. 그는 숙련된 낚시꾼이나 유능한 음악가가 될 것이다. — 내 경험상 — 그러나 그가 하고 싶지 않은 것은 과학적 논문의 연구와 철학적 강연의 복잡성과 씨름하여 탐구 프로그램을 고안하는 것에서부터 다른 곳으로 주의를 전환하는 것이다. 과학적 형성에서 철학적으로 무능한 두 번째 요소는 현대 과학의 인식 틀이 언급되지 않고 잘못 고려된 철학적 전제를 구체화하는 정도까지다.

이것은 생물학 분야에서 더욱 사실이다. 생물학에서 다윈 진화론의 이론적 틀은 적절한 유기체 철학을 제공하고, 이것은 유물론자의 형이상학을 받아들인다고 추측된다. 가정이 제어된 철학적 유물론의 한계를 넘어선 형이상학적이고 종교적인 신념의 가능성을 열어준 이론 물리학자들을 찾는 것은 흔한 일이다. 실제로 현대 물리학의 본질, 무엇보다 우주론의 본질은 상투적인 물리학자의 용어로 표현되지 않은 가설과 개념을 받아들이려 한다. 이것은 우리의 대학에, 왜 생물학적 이론가보다 오히려 물리주의 이론가가 더 많은가를 설명해준다. 현재 생물학은 다른 과학적인 분야와 비교해서 헬베티우스(Helvetius)나 『자연의 변증법(*The Dialectics of Nature*)』의 말기 프리드리히 엥겔스(Friederich Engels)도 많은 결점을 발견할 수 없었던 유물론의 형태를 지배하는 투기장이다.

어딘가 다른 곳에서처럼 생물학에서 유행하는 사상은 변천한다. 사회생물학, 1970년대의 만트라는 현재의 상상으로는 이기적인 유전 인자와 "진화윤리학"이라 불리는 것의 가설 신화로 치환된다. 불변의 것은 생명의 본질에 대한 진술에서 다윈주의의 철학적 적절함의 가정뿐만 아니라 진화적 가설이 미리 상상된 유물론자의 형이상학적 함축이다. 적어도 영국에 사는 사람이라면 누구나 라디오를 켜고 레비스 볼퍼트(Lewis Wolpert)와 같은 유명하고 세련된 생물학자의 목소리를 듣게 되면, 유기체학에서는 들을 가치가 있는 다른 사람의 의견이 심각하게 고려할 만한 가치조차 없는 것으로 처리된다는 점을 상기한다. 그리고 만약 이것이 볼퍼트와 같이 알려진 인물에게 적용된다면 그것은 의학적이고 일반적인 생물학적 탐구를 통해 우리 운명이 맡겨진 다소 적은 모든 사람에게 얼마나 많이 적용되겠는가?

여기서 문제되는 것은 다윈주의의 그 자체의 타당성이 아니다. 다윈주의에는 요나스가 주장하길, 생명 형태들이 존재에서 진행되는 기계주의에 대한 가장 확실한 진술이 있다. 어느 누구도, 요나스가 그의 독자들에게 일종의 '과학적 창조설(scientific Creationism)'로의 어떤 전환을 요구한다는 것에 두려움을 가질 필요는 없다. 과학적 창조설은 미국에서는 유행하지만 대서양의 한편에서 대표자를 찾지 못했다. 그것이 과학적 의상을 입은 모든 정교함에서 소위 창조학은 실재에서 과학적 지식의 현재 상태와 조화되지도 않고 유대 기독교 성서의 신학적인 정통 해석에 의해 요구되지도 않는다. 그리고 언어학적으로 확실한 직역주의자만이 그것을 그렇게 상상할 수 있다.

현재 우주론의 도달점이라 할 수 있는 많은 과학에서처럼 신학에서, 그러한 직역주의는 존재 유추에 대한 토마스 학설의 어떤 중세 연구자가 이해해야 하는 이유에서는 부적당하다. 그것은 성서적 창조 이야기의 경우에서 그것이 신봉되는 언어를 포함하는 상징적이고 은유적인 언어의 기능을 진술할 수 없음이나, 하려하지 않음에 의존한다. 신성한 우주창조론은 그가 이해할 수 있는 용어로 신자에게 전달된다. 신의 우주 창조와 같은 그러한 초자연적이고 초경험적 사건과 무에서 나와 거기에 있게 된 모든 것은 그 문자적 의미가 창조 그 자체에서 유추된 것이 아니라 우리가 경험하는 이미 창조된 질서의 형태에서 파생된 자연 언어로 그 사건을 유추 해석할 것을 요구한다. 그러나 그것은 우리가 더 이상 머무를 수 없는 다른 이야기다. 결국 요나스의 비판 대상은 창조과학의 잘못된 구체성에 대한 것이 아니라 다윈주의자의 진화 사상에 대한 가장 최근의 해석으로 여겨지는 잘못된 그리고 더욱 영향력 있는 형이상학적 유물론에 대한 것이다.

이 장의 나머지 부분에서 나는 요나스가 이런 가정들의 기원과 지속을 제공한 이유들과, 왜 그들이 잘못된 것이며, 역설적으로 다윈주의에 고유한 생명 형태의 진화론적인 연속성의 통찰에서 그렇게 되는 것이 보일 수 있는가 하는 이유들을 요약하려고 한다. 나는 널리 유행하고 있는 생물학적 사고의 유물론에 반대해서 그가 전개한 유물론 철학을 요약하면서 결론을 내릴 것이다. 첫째로, 중요한 텍스트는 요나스의 에세이인 『생명의 현상』의 제2장에 있는 "다원주의의 철학적 관점"이다. 둘째로, 나는 그가 제3장에 쓴 "신은 수학자인가"라는 관찰에 의존할 것이다. 이러한 고찰들은 유기체의 본질적 특이성에 대한 그의 논의를 비유기체적 물질의 속성에서 유추되어 나온 용어로 모든 존재를 해석하는 유물론자의 형이상학의 물리학자적 가정으로 환원할 수 없는 어떤 것으로 정당화한다. 이것이 그의 생명철학의 관점이다. 이것은 요나스가 자신의 저서의 서두에서 말한 것처럼 현대적 신념이 아니라 고대적 신념과의 조화다. 그러므로 이것은 만약 그가 "고대와 현대의 싸움을 넘어서는" 철학을 성취하려는 야망을 실현하려면 그가 입증해야 할 중요한 점이다"(PL, 1). 철학적 인간학에서 더 발전된 사상과 새롭게 확장된 정언 명법으로 자연에 대한 책임을 초래한 윤리학은 유기체의 특이성에 대한 철학을 성취하는 데에는 그의 성공 여부에 달려 있다.

다원주의에 대한 에세이에서 요나스는 진화론의 논의에서 시작하지 않고 17세기에 아리스토텔레스적인 물리학의 낡은 우주론과 자연철학을 대치한 자연의 새로운 모델에 대한 진술로 시작한다. 이전의 관점에서는 생명체와 무생명체가 유사한 것으로 우주를 이해했다. 즉, 특수하면서도 질적으로 유일한 형상과 질료의 혼합물로 각각의 동일한 물질의 복합체로서 신의 섭리에 의해 우주 질서 안에서 특별한 위치를 점유하도록 결정되었으며, 지구상에 존재하는 생물 중에서 가장 고등한 형태로서 지구와 인간 주변에 위계적으로 집중된 그러한 우주를 상정했었다. 그런데 천문학에서, 코페르니쿠스적 혁명에 의해 영감을 받았으며 그 영향을 입은 철학자로는 데카르트를 들 수 있으며, 새로운 개념은 확실히 기계론이다. 신이 부여한 본질의 특별한 개체를 표현했다는 고대 사상 대신에 새로운 사상에서는 "물질과 운동의 기본적인 구성 요소에 대한 분석을 하는 기계론의 각 구조가 동일한 기준에 의하여 실제로 기능하는 것을 설명해주고 있다"(PL, 38). 그리고 바로 그 기준은 측정이었다.

데카르트는 이러한 견해에 대한 중심적인 철학자였다. 그리고 요나스는 "생명론에서 데카르트주의의 의미" 분석을 그의 에세이에 첨가한다(PL, 58-63). 데카르트는 자연의 새로운 관점에서 중요했다. 왜냐 하면 세계를 연장된 물질과 지구 위에서의 인간만의 속성인 비물질적 정신으로의 이분법에 의해, 그는 존재자의 다양한 질들을 두 가지만으로 축소시킨 단순하고 강력한 형이상학적 개념을 제시했기 때문이다. 이러한 방식으로, 인간 외의 자연은 단지 측정할 수 있는 속성들의 견지에서만 보일 수 있게 되었다. 이것은 수학화하는 자연과학의 발전에 큰 힘을 주었다. 그러나 그것은 출발부터 어떻게 비물질적인 정신이 외계 물질 세계에 작용할 수 있는가를 설명하는 데 쉽게 해답을 주지 못한 문제들에 의해 괴롭힘을 당하고 있었다. — 아서 쾨슬러(Arthur Koestler)가 "기계 속의 영혼"이란 신비함으로 묘사했던 문제들에 의해 괴롭힘을 당하고 있었다. 데카르트나 그의 계승자들은 이 문제에 만족할 만한 해결을 주지 못했다. 그러나 본질적인 철학적 난제들이 관망되거나 혹은 오직 그것을 만들어낸 이론가에게만 만족을 주는 한 가지 혹은 다른 방법으로 해답이 제시된 다는 것은 앞으로의 더 나은 과학적 진보에서 개념을 풍부하게 해주었다. 비기계적인 운동의 각각의 경우에 우주가 존재하는 모습으로서의 우주기계론에서의 신성하고 목적적인 중재의 기회를 가장 지적으로 일관되고 가장 지적으로 바라보게 한 것은 말브랑쉬(Malbranche)의 기회원인론이었다. 비록 그것이 합리적이고 일관적이었다고 하더라도 기회원인론은 기적의 발생을 존재 질서에 예외적인 것으로 보기보다는 오히려 그것을 규칙으로 만드는 존재론이다.

어떤 의미로, 데카르트 철학은 아리스토텔레스가 믿었던 것처럼 영구적 본질의 실증보다는 오히려 각각의 존재 안에서 공격과 역습의 체계를 인식하는 과정의 철학이었다. 그러나 기계론적 존재론이 존재하는 구조들의 실제 작용을 설명했던 반면에, 어떻게 그러한 구조가 그런 모습이 되었는가에 대해서는 아무것도 말하지 않았다. 이러한 방식으로 그것은 신성한 창조론과의 충돌을 피했다. 그리고 전체 기계론으로 관찰될 수 있는 전체로서의 세계가 기계적으로 구조화된 움직이는 부분들로 이루어진 것으로 여겨지는 한, 처음으로 세계를 만들고 그것에 질서 있는 움직임을 주었던 — 성스러운 시계 제작자 — 원초적인 세계 초월적인 제작자의 가정을 인정하며 또한 실제로 요구한다. 이것은 젊은 시절 다윈이 존중했던 파레이(Paley)의 자연신학을 19세기에도 여전히 고무시켰던 18세기 이신교론의 세계관이었다. 이러한 태도에서 물질에 대한 기계론자의 존재론은 유기체와 비유기체, 각각의 움직이는 부분들의 기능적 작용뿐만 아니라 기독교 창조

신과 동일시하는 초자연적인 원초적 원칙을 야기시킴에 의해 전체가 움직인다는 것을 설명할 수 있었다.

다윈 가설의 혁명적 충격이란 자연 선택의 기계론을 야기시킴으로써 어떻게 유기체적 생명의 형태들, 즉 식물과 동물이 그 계획과 목적성의 현현을 증명할 수 있는가에 대한 자연주의적 설명을 제공한 것이다. 유기체의 필요와 준비된 환경 사이의 외면적 조화는 그것들의 목적 있는 계획의 견지에서만 설명될 수 있는 반면에, 이제 그것들은 오직 적자만이 생존할 수 있다는 돌연변이의 결과로서 이해될 수 있다. 이전에 신성한 목적의 완성으로 여겨졌던 것이 이제는 그것들 대부분이 생존에 대한 개별적인 전망을 훼손시키는 돌연변이의 용어로 설명된다. 그러나 경우에 따라서 그것은 지속과 재생산에 더 적합한 생명 형태의 출현을 초래할 수 있었다. 이 경우에 다윈주의는 유기체적 자연을 — 데카르트적 기계주의 철학의 문제 — 비유기체적 세계의 활동을 설명하려 했던 목적 없는 힘의 맹목적 작용으로 확장시켰다. 동시에 요나스가 주장한 것처럼, 인간의 기원은 본질적으로 목적 없는 과정의 이러한 일반 규칙에의 예외처럼 보일 필요가 없기 때문에, 데카르트가 인간 정신과 물질적 자연 사이에 정립했던 절대적인 구별을 극복할 가능성이 보인다. 즉, "인간과 동물 세계 사이에서 정립된 가계의 '연속성'은 그의 정신과 정신적 현상을 전체 흐름에서 존재론적으로 이질적인 원칙의 뜻밖의 이입으로 간주하게 할 가능성이 더 이상 없었다"(PL, 57).

이것은 요약된 간단한 용어로 다윈주의의 철학적 중요성과 데카르트적인 물리학의 기계론적 존재론이 세계관 안에서 계속적으로 작용하는 철학적 중요성에 대한 요나스의 진술이다. 최근의 생물학이 다른 측면 — 모든 형태의 유기체의 연속성의 재정립 — 을 제외시키는 것을 철학적으로 계속해서 강조했던 것은 물질에 대한 바로 후자의 측면이다. 그러나 이것은 나타난 반쪽 면일 뿐이다. 왜냐 하면 요나스로부터의 나의 마지막 인용이 지적하는 것처럼, 다윈주의는 철학적으로 상반되는 이론이다. 한편으로 그것은 의도적 행위나 계획에 의지하지 않으며 진화론적 생명 현상을 개념화하는 방식을 제공한다. 이러한 방식으로, 그것은 순수 기계론의 논리를 유기체의 영역 안으로 확장시키는 데 성공했다. 어떤 이전의 데카르트적 존재론의 형태도 기능적으로 충분한 식물 생명과 동물 생명의 형태 안에서 명증적인 목적의 편재에 직면했을 때는 해결할 수 없었다. 다른 한편으로 그것은 진화론적 하강 이론을 통해 모든 형태의 유기체의 연속성을 재정립하고, 데카르트적 이원론을 특징화하는 — 인간의 형이상학적 고립 — 정신과 물질 사이의 논쟁을 극복한다.

  "그러므로" 요나스가 말하길 "진화론은 어떤 형이상학적 비판이 행했던 것보다 더 효과적으로 데카르트의 저서를 파괴했다. 동물 유전론에서 인간의 형이상학적 지위에 가해졌던 경멸에 항의함으로써, 같은 이유로 약간의 위엄이 생명의 영역 전체로 회복되었다는 것은 간과된다. 만약 인간이 동물의 친척이라면, 동물들은 인간의 친척들이고 어느 정도 그들 친척의 가장 진보된 인간이 본질적으로 의식하는 고유성의 담지자들이다. 기독교 초월주의와 데카르트의 이원론에 의해 야기된 축소 이후 감정, 고무, 고통, 즐거움과 함께 '영혼'의 영역은 계속적인 등급의 원칙에 의해 인간에서부터 생명의 왕국 너머까지 확장되었다. 스피노자와 라이프니츠가 존재론적 가정으로 모호하게, 무한한 등급과 '지각'의 명료성을 허락하는 질적인 연속성의 원칙을 선언했던 것은, 진화론을 통해 과학적 생명의 계보학에 대한 논리적 보충이 되었다. 이러한 것들이 단지 잠시 과도기적으로 존재하든지 또는 영원한 대표자인 존재로서 남든지 간에, 가장 고등한 것은 오직 모든 중간 단계를 통해 가장 저급한 것으로부터 도달될 수 있었다"(PL, 57-58).

데카르트의 이원론의 형이상학적 고립주의와 하이데거의 '현존재'의 실존적 분석이라는 고립주의자적인 존재론에 대항해서, 포괄적인 생명철학 안에서 인간에 대한 숙고의 가능성과 필요성을 증명하는 것이 바로 이러한 점이다.

중요한 함축이 많이 들어 있는 각주에서 요나스는 다음을 인식한다. 다원주의에서 "'영혼'의 아리스토텔레스적인 위계는 계보학적 연속의 형태 하에서 환원된다. 즉, 진화론에서의 '후자'는 아리스토텔레스의 '고등한 자'와 일치한다"(PL, 58). 인간 존재, '현존재'의 기초 존재론에 대한 하이데거적인 숙고는 세계 안에서의 인간 존재 양식의 독특성을 계속 고집한 결과 유기체에 관한 진술과는 분리하여 계속될 수 있는 반면에, 그것은 우리가 다른 유기체 형태들의 본질적 특성을 아는 것과의 관련성을 부정할 때만 가능하다. 우리가 과학적 탐구의 덕택으로 유기체의 내적이고 보편적인 특성을 안다는 견지에서, 이것은 높은 단계의 철학적 반계몽주의다. 플레스너가 다음과 같은 사실을 인식하고는 다소 똑같은 입장을 견지하고 있다. 즉, 자신의 운명 — 죽음으로 가는 존재 — 을 아는 인간의 특별한 자각력이라는 용어로서의 '현존재'를 말하고 있는 하이데거의 현존재의 특이성은 우리가 다음의 사실을 인식할 때만 의미가 있다. 즉, 자신의 실천적 상태에 대한 깊은 자각력을 갖고 있는 유기체 형태의 생물만이 그러한 자각을 할 수 있으며, 『유기체의 단계들과 인간』에서 그가 말한 것처럼 "자연 발생으로서의 인간 존재 양식과 존재 양식의 역사적 산물의 결과로서의 인간의 존재 양식에 대한 사상은, 우리가 알고 있는 다른 형태의 생물들과 비교함으로써만 얻어질 수 있다는 점을 우리가 인식할 때 '현존재'의 특이성은 의미를 갖는다"(XiX).

"비교"가 갖는 해석학적 중요성에 대한 플레스너의 언급이 말해주듯이, "비교"라는 예증의 해석학적 중요성에 대한 플레스너의 언급처럼 생명 있는 자연이 지니는 일반적인 속성들에 대한 언급이 허용하고 있는 것은 — 일반적인 유기체 철학에서 다른 동물들의 형태와 반대되는 것으로서의 인간이 지니는 특수한 질적 차이 — 인간의 특수한 특징들에 대하여 밝히는 것이라기보다는 우리가 알고 이러한 특징들의 분명한 특질들을 명료화하는 것이다. 하이데거의 80세 생일에 출판된 『기념논문집(Festschrift)』 안에 첫 번째로 실린 에세이 『변화와 지속 : 역사 이해의 가능성에 대하여』에서, 요나스는 동물의 다른 형태들에 대립하는 것으로서 인간을 특징화해줄 수 있는 도구, 그림, 무덤의 세 가지 표현 차원의 견지에서 이것을 행하려고 한다. 우리가 인간 생명의 명증성을 발견하는 어디에서나 나타나는 이러한 차원들은, 비록 인간이 같은 기원의 앞서 존재하는 다른 형태들과 생물학적으로 관련되어 있으며, 침팬지의 경우에서는 유전적으로 일치하는 동물 유기체라 할지라도, 그것들은 확실히 구별되는 종류의 유기체들이라고 하는 우리의 확신을 보증한다. 생명에 대한 자연과학을 수학화하면 인간 유전 인자의 98퍼센트가 침팬지의 유전 인자와 동일하다는 것을 강조할 것이다. 그러나 그것이 남은 2퍼센트가 만드는 질적인 차이를 보지 못하고 있다는 사실에 주목해야 할 것이다.

인류학이 부분 집합인 철학적 생물학은 — 유기체의 특별한 형태에 대한 지역적인 존재론 — 우리는 생명의 다른 형태들, 식물과 동물, 동물과 인간 사이에 존재하는 질적 차이를 파악하지 못하는 환원주의와, 모든 유기체가 공유하고 있는 속성들을 파악하지 못하는 고독주의의 진퇴양난 사이에서 더 나은 길을 밟아야 한다. 현대의 생물학적 사고에서 우리는 전자에 실패하는 것을 흔히 발견하게 되며, 현대 철학에서는 특히 존재자의 다양성 때문에 후자의 경향을 발견하게 된다. 요나스가 선택한 도구들, 즉 현상학적 기술과 비판적 분석은 그로 하여금 그의 개념의 중심인 유기체 이론의 성취된 생명철학 안에서 양자의 위험을 회피하도록 해준다. 생명철학의 내적인 속성으로부터 생명의 다양성은 진화의 과정 안에서 나타난다. 유기체에 대한 요나스의 진술은 대담한 것이며, 우리가 좀더 고등하고 좀더 차별화되었으며, 연대기적으로 좀더 최근의 형태, 인식하고 있는 것들의 속성들에 대한 원초적 형태들에 대해서까지도 요나스의 진술이 기여하고 있다는 점에서 비범하다고 볼 수 있다. 물론 그러한 개념은 모든 현존하는 존재가 선(先)존재하는 형태들의 내적 잠재력의 현실

화라고 하는 아리스토텔레스에게는 이상하지 않았을 것이다. 유사한 사상에 대한 요나스의 해석의 뛰어난 점은 그가 형식의 연속성, 더 나아가 영원성에의 모든 언급이 사라지는 과정론, 즉 다윈의 진화론이 주는 교훈에서 그것을 명백하게 해주는 방식에 있다. 그 이론에 대한 철학적인 숙고와 발생학적으로 그것이 설명하려는 생활 세계에 대한 숙고에 의해, 요나스는 아리스토텔레스적인 견해에서 구체화된 본질적인 진리를 되찾는다. 되찾은 것은 변화하지 않는 본질과 다른 것들과 질적으로 구별되는 정적인 형태로서의 우주가 아니라 상대적인 일관성의 견해 및 자연에 대한 현대 과학적 개념과 일치한 생존에 본질적으로 필요한 조건들에 대한 견해다.

우리가 이러한 세계를 기술하는 데에 잠재력과 행위의 아리스토텔레스적인 형이상학을 상기시키는 언어에 의지한다면, 바로 그것은 그 어떤 진화론의 순수함을 통해 아리스토텔레스는 예리한 관찰자였으며 또한 세계가 존재했던 방식이며 아직도 상당 부분에서는 세계가 존재하는 방식에 대한 분석가였다는 정도에서 역할을 하고 있다. 그의 관찰의 예리함은 유기체로서의 인간에 대한 진술에 있다기보다는, 동물이기는 하지만 자신의 운명에 대해 숙고할 수 있는 능력을 갖고 있다는 점에서 다른 동료들과 구별되는, 그럼으로써 자신이 따라야 할 가장 바람직한 길을 선택할 수 있는 능력을 지닌 존재로서의 인간에 대한 진술에 있다고 할 수 있다. 이성을 통해 인간은 그의 가능성들의 확장과 한계를 결정한다. 정치를 통해 인간은 그가 살 뿐만 아니라 번영할 수 있는 두 번째 본성인 '폴리스(polis)'를 구성한다.

물론 요나스는 아리스토텔레스도 아니고, 엄격한 의미로 새로운 타입의 신아리스토텔레스적인 사상가도 아니다. 그의 저서에 끼친 철학적 영향은 우선 하이데거의 영향이고, 윤리학의 내용이 아니라 형식에서는 칸트의 영향이다. 그러나 요나스에게 아리스토텔레스의 전형적인 중요성에 대한 계속된 요청은 최소한 그의 철학, 합리성 그리고 경험적이고 과학적인 명증성에 대한 관심의 영역에서만이 아니라, 오히려 철학적 생물학 분야와 유기체의 특수성에 대한 그의 강조에서 더욱 그러하다. 요나스는 첫 번째 철학적 생물학으로 아리스토텔레스의 『영혼론(*De Anima*)』을 언급한다. 그리고 우리가 아리스토텔레스의 저술들의 전집에서 그 저서의 중심점이 이론 이성의 저술들, 즉 『물리학(*Physics*)과 『형이상학(*Metaphysics*)』이 『윤리학(*Ethics*)』과 『정치학(*Politics*)』의 실천철학으로 변화해간 점으로 고려할 때, 우리는 아리스토텔레스의 사고와 요나스의 사고 사이에 어떤 선택적 유사점이라고 불리는 것이 있음을 인정하지 않을 수 없다. 양자에서 순수 이론의 문제들로부터 시작하여 실천의 문제로 전이되는 지점을 제공하고 있는 것은 바로 유기체의 철학 그리고 유기체적 존재로서의 분명한 형태인 인간 철학이라 할 수 있다.

　　과학에 대한 요나스의 개념은 아리스토텔레스의 개념과 다르다. 왜냐 하면 만약 아리스토텔레스에게서 어떤 것이 오늘날 지지되지 않는다면, 그것은 본질적으로 변화하지 않는 실체들의 복합체로서의 우주에 대한 그의 자연과학적 인식 때문이라 할 수 있다. 끝없는 과정의 견지에서 볼 때 우리의 최근의 세계에 대한 개념과는 너무 동떨어진 견해다. 그러나 우리가 보아온 것처럼, 다윈주의자의 진화의 중요성에 대한 요나스의 해석에서 생명의 역사적 과정, 즉 이러한 아리스토텔레스적인 견해에서 타당한 어떤 것은 그것이 데카르트의 이원론의 승리에 의해 밀려난 어두움에서 회복되었다는 점이다. 무엇보다도 우선 다윈주의에 대한 요나스의 해석에서 되찾은 것은 유기체의 통일에 대한 아리스토텔레스적인 개념이며, 그것과 함께 인간 지위의 인식에 대한 통일성의 관련이다. 아리스토텔레스와 관련해서 요나스에게서 인간의 가능성에 대한 우리 인식의 뿌리가 발견되는 것은 유기체의 본질적 특성 안에서이고, 동시에 그 유기체 안에서 우리는 인간을 가장 잘 표현해주는 역동적 존재로서 우리가 이미 예상했었던 세 가지 차원을 발견한다. 자유의 현상과 이것이 수반하는 끊임없는 생존에 대한 위협은 이것에 중심이 된다.

이것이 우리를 이 장의 마지막 주제로 인도한다. 즉, 그것이 구성된 물질에 관한 자유의 견지에서, 유기체에 대한 요나스의 복잡하나 필수불가결한 진술과 신진대사의 견지에서 물질의 계속된 섭취를 통하여 유기체의 존재를 지속시키는 과정에 대한 요나스의 진술이다. 요나스에 따르면, 신진대사는 생명 자체의 통일된 징표며, 바로 그것이 생물을 무생물적인 물질과 본질적으로 구별시켜주는 특수한 차이점이라고 지적한다.

요나스에 따르면 신진대사는 존재론적 자유의 첫 번째 형식이다. 그리고 같은 이유로 생명의 통일된 특수한 차이점이다. 그러면 무엇이 그 분명한 차이점을 구성하고 있는가? 오직 우리가 이러한 질문에 답할 때만, 어떻게 우리가 이러한 자유의 기초 형식이 인간의 다양한 형식의 자유를 예견할 수 있다고 말해질 수 있는가를 이해할 수 있는가? 요나스가 "신은 수학자인가"에서 논의한 것이 바로 이것이다(PL, 75). 그가 존재론적 부적합성을 생명 현상에 대한 진술로서 인지하는 것은 데카르트 이후의 철학과 측정할 수 있는 양의 견지에서 무생명체 외에도 생명체를 이해하는 과학의 경향 안에서다.

물론 그 어떤 유기체도 측정할 수 있을 정도로 확장된 질량을 소유한다는 점에서는 모든 다른 물체와 유사하다. "그리고 물체처럼 유기체는 다른 집합이 나타낸 것과 같은 일반적 특성을 나타낼 것이다. 즉, 제한된 기초 존재의 섬나라적 초점에서 퍼져나온 힘의 기하학에 의해 교차된 허공을 나타낼 것이다. 그러나 특별한 사태는 내적이고 외적인 그것의 경계 모두가 인식될 수 있다. 그것은 일반적 물체보다 더 문제화된 현상적 통일이 될 것이고, 시간을 통한 물질적 동일성을 거의 완전하게 삭제하게 될 것이다. 나는 물질과 그것의 환경을 바꾸는 '신진대사'를 언급한다. 이러한 현저한 존재의 양태에서 유기체가 구성한 물질적 부분들은 물질적 동일성에서 그것들이 들어오고 나간 전체와 일치하지 않으며 그것의 공간 체계, 즉 생명 형식을 경험한 외적 물질의 작용에 의해 그 자신의 동일성을 지속하는 일시적인 내용들이다. 그것은 결코 물질적으로 같은 것이 아니고, 같은 물질로서 남지 않음으로써 같은 자아로서 지속한다. 일단 그것이 실제로 그것의 물질적 내용들의 동일성과 똑같은 것이 되면 그것은 생존하길 멈춘다. 그것은 사라진다(혹은 적절한 상태로 환원되기 위하여 그 생명 과정이 멈춘 씨앗과 종자가 행한 것처럼 휴지 상태가 된다)"(PL, 75-76).

이러한 글에 대한 확장된 주석에서, 요나스는 생명 체계 안에 신진대사가 침투함을 강조한다. 그리고 동시에 이 과정에서 자동차의 엔진 같은 기계를 계속 움직이게 하는 물질들의 유입과 유출의 다양한 형태를 보게 되는 부적절함을 강조한다. 물질과 환경의 교환은 불변하는 핵심에 의해 개입된 말초적인 활동이 아니다. 즉, 그것은 생명 자체의 주체에 대한 지속성(자가 지속)의 전체 양태다. 유입과 유출의 비유는 그 사실의 본질이 아니다. 엔진에서 우리는 연료의 유입과 쓰고난 물질을 유출한다. 그러나 이런 흐름에 통로를 제공한 기계 부분들은 그것에 관여하지 않는다. 즉, 기계는 연료가 그것들을 통과하는 통로 안에서 겪는 변화와는 관계가 없다. 그들의 물리적 동일성은 그러한 교환에 의해서도 또한 지속되는 작용에 의해서도 영향을 받지 않는 독립된 물질이다. 그래서 그 기계는 그것에 공급되어 변화하는 물질에 대하여 자가 동일적인 비활성의 체계로서 지속된다. 그리고 덧붙여서 기계는 전혀 다른 것들이 공급되지 않을 때만 똑같은 것으로 존재한다. 그것은 결국은 똑같은 기계다. 다른 한편, 우리가 생명체를 '신진대사화하는 체계'라고 부를 때, 우리는 체계 그 자체가 완전하고 계속적으로 신진대사화하는 활동의 결과며, 그 '결과'의 어떤 것도 신진대사의 대상이 되기를 멈추지 않는다는 결론에 도달한다"(PL, 76).

데카르트가 이해하지 못한 것은 바로 유기체와 기계 사이의 이러한 구별이다. 그럼으로써 생명체, 즉 무생명체적 본성에 대항한 생명체의 통일된 변별성을 인식하지 못하는 무능력 또는 마지못해서 하게 되는 현상이 초래된다. 이것은 비활성 물체의 동일성과는 다르게 유기체의 동일성은 그것이 구성하고 있는 물질의 동일성과 독립되어 있기 때문에 역동적이다. 이것보다 더욱 지속적인 동일성, 즉 죽은 물질과 반대되는 것으로서의 살아 있는 물질로서 지속되는 형식은 신진대사를 통해 획득된 물질적 내용의 끊임없는 변화에 의존한다. 요나스가 그것의 끝없는 신진대사 과정에 의존하나 결코 동일하지 않은 물질적 실체에 관련된 유기체의 내적인 자유로서 기술한 것이 바로 이러한 특성이다. 비록 이것이 인간과 지속적으로 존재하는 환경 사이의 관련성에서 우리가 인간 존재와 연결시키는 자유의 의미와는 매우 멀다 할지라도 우리는 생명 현상의 보편적 특성인 비통일성과 의존성의 공존을 인식한다.

존재의 어떤 형태도 비활성 물질보다 더 안전하지 않으며 자율적 존재로서의 그 현상이 결코 완전하지는 않지만 지구상에서 인간을 가장 고등한 형태로 자리매김하도록 해준다. 이제 우리가 시선을 쏟게 되는 곳도 그래서 우리가 다소 덜 복잡하거나 혹은 적어도 더 친숙한 근원으로 돌아갈 수 있는 것은 바로 존재의 이러한 상태에 대해서다.

제4장
인간학과 인간의 정체성

하이데거적인 실존주의에 관한 에세이에서 하이데거의 유대인 제자 요나스처럼, 레오 스트라우스는 당대의 철학적 문화에 하이데거가 끼쳤던 영향에 대해 강력하게 말하고 있다. 스트라우스가 1922년에 하이데거의 강연을 처음 들었을 때, 그는 젊은 철학 박사였다. 그가 말하길, "그때까지", "나는 독일에 있는 나의 많은 동료들이 그랬던 것처럼, 나는 막스 베버에 의해 특별히 감명을 받았다. 즉, 베버의 지적 정직함에의 헌신에 의해, 과학 사상에의 열정적 헌신에 의해, 즉 과학의 의미와 관련한 깊은 불안감을 지닌 헌신에 의해 감명을 받았다"고 한다. 즉, 그의 지적 정직함에의 헌신에 의해 — 과학 사상에의 열정적 헌신에 의해 — 과학의 의미와 관련한 깊은 불안감을 지닌 헌신에 의해 감명을 받았다는 것이다. 하이데거가 강의했던 프라이부르크에서 북쪽으로 가는 도중 프란츠 로젠스츠바이그(Franz Rosenszweig)의 프랑크푸르트 암 마인(Frankfurt-am-Mein)에서 나는 하이데거에 대해 그에게 말했다. 베버는 하이데거와 비교해볼 때, 정밀함과 철저함 그리고 역량에서 나에게 '고아(orphan child)'처럼 나타났다고 나는 그에게 말했다. 나는 이전에는 철학 책의 해석에서 그런 심각함, 심오함, 집중력을 본 적이 없었다. 나는 아리스토텔레스에게서의 어떤 부분들에 대한 하이데거의 해석을 들었다. 그리고 얼마 후 나는 베를린에서 똑같은 텍스트에 대한 베르너 얘거(Werner Jaeger)의 해석을 들었다. 하이데거가 준비했던 일종의 사고 혁명의 생명력은 나와 나의 후손들에게 나타나기 시작했다. 우리는 헤겔 이래로 세계에 그런 현상은 없었음을 안다. 그는 매우 짧은 시간에 독일에 있는 기관의 철학 학파들을 내쫓는 데 성공했다. 하이데거가 20대 후반과 30세 초반에 만들어낸 것과 똑같은 효과를 그는 곧바로 유럽 대륙 전체에서 만들어냈다. …… 모든 합리적인 자유 철학의 입장들은 그 중요성과 힘을 잃었다. 우리는 이것을 탐구할 것이나, 나는 부적절하게 보이는 철학적 위상에는 매달리지 않을 것이다. 위대한 사상가만이 우리를 도울 수 있다. 그러나 여기에 커다란 난제가 있다. 즉, 오직 우리 시대의 위대한 사상가는 하이데거뿐이다.

포스트모더니즘과 탈구성주의의 무정부적이고 윤리적으로 허무주의자적 경향에 의해 지배된 문화 사조에서, 그것은 하이데거가 몇 십 년 전에 그것을 썼을 때보다도 더 진실하다고 여겨지는 것을 철학에서 일으킨 혁명의 결과들이기 때문에, 심지어 영국과 미국에서 나는 오늘날 스트라우스의 말을 인용한다. 데이비드 쿠퍼는 "하이데거의 많은 매력은 커다란 철학적 이슈와 문화적 비판을 섞는 데 있다"고 본다. 그러나 최소한 요나스처럼, 스승으로서의 하이데거의 즉각적인 반향을 느끼는 사람이나 또는 오늘날 조심스럽게 하이데거를 간파하는 사람들에게까지, 그 이상의 더 많은 이야기가 있다.

물론 하이데거의 매력에 반대하는 사람도 있다. 그들은 하이데거가 잘못된 방향으로 나아가고 있기보다는, 오히려 전혀 아무것도 의미하지 않는다고 많은 책에서 지적한다. 예를 들면 많은 분석철학자들은 하이데거적인 철학을 언어의 오용, 즉 적당한 양의 개념적 명료화가 몰아낼 수 있는 무기력한 자세라고 본다. 불행하게도 이러한 방식으로 — 전형적인 명료성과 수사학적 힘이 약간 있는 — 모든 하이데거의 저술들을 처리하기는 어려울 뿐만 아니라, 하이데거에게서 어떤 인식 결과도 발견하지 못한 사람들에 의해 실행된 어떤 철학은 철학 자체가 더 이상 중심 위치를 차지하지 못한 채 학문 서클을 넘어 어떤 반향도 갖지 못하는 언어 분석의 기술적 문제에 제한되려는 경향이 있다.

그것이 잘못되었을지라도, 종종 그랬듯이 학문의 벽을 넘어 최근의 정치적, 사회적, 과학적 논의 과정에 영향을 준 것은 하이데거에 의해 이러저러한 방식으로 영향을 받은 이론가들의 담론이다. 그리고 그 이론가들이 말하려고 한 것의 모호함과 이상함이 무엇이든지간에 그들은 일반적 관심사에 대해서 말하고 있다. 형사 정책과 교육적 실천과 같은 사태에 관한 푸코(Michel Foucault) 같은 사상가의 큰 반향은 이것이 의미하는 것을 예증한다. 우리가 무엇을 좋아하던간에, 하이데거의 영향은 기대될 수 없고 또한 만약 그 영향이 합리적 응답을 피한 도덕적이고 인식적인 혼동의 상태로 우리를 빠뜨리지 않는다면, 우리는 그가 그의 재주 있는 제자에게 양도한 속된 은어적인 말보다는 더 많은 것이 하이데거적인 혁명에 있다는 것을 인식함으로써 시작해야만 한다.

내가 전에 인용했던 다른 사람들은 말할 것도 없고, 스트라우스나 요나스와 같은 상당한 사상가들은 젠체하는 비법 전수자의 허세에 의해 당황해하지 않았다. 만약 그들이 하이데거에게서, 니체가 한 세대 전에 "우리의 문을 두드리는 허무주의"라고 불렀던 문화적 위기의 차원에 조율된 철학적 지성의 순수한 목소리를 인지한다면, 그것은 하이데거의 가르침 속에서 그들이 발견한 것은 그 시대의 문제들에 대한 해결책이 아니라 하이데거가 마지못해 포기했던 철학적 이성이야말로 우리 시대의 딜레마를 해결하고자 할 때 우리가 갖고 있는 가장 강력한 근원이 된다고 하는 매우 감동을 주는 신념이라는 것을 인식했기 때문이다. 비합리주의자와 반과학적인 이론으로 간주되는 많은 것은 그 포기의 결과다. 대조적으로 요나스의 저서는 하이데거의 도전에 대한 합리적인 응답이다.

이것은 철학적 인간학의 영역 안에서 가장 진실하다. 철학적 인간학은, 막스 셸러가 그의 말년에 정열을 쏟았으며, 1924년에 "인간과 역사(Man and History)"에서 고전적 용어로 인간의 본질과 본질적 구성과 모든 사물들의 근원뿐만 아니라 자연(유기체 생명, 식물 생명과 동물 생명)의 영역에의 인간의 관련성, 그들의 본질적 가능성과 실재성에 따른 물리적, 문화적, 사회적 혁명뿐만 아니라 인간의 형이상학적 기원을 탐구하는 기초 과학으로 정의를 내렸던 인간의 본성과 위상에 관한 이론이다.

하이데거 자신은 그러한 장엄한 가치 있는 일을 행하지 않았다. 그러나 그는 그것이 성취되기는 불가능하다고 믿었다. 그리고 그는 그것을 획득하려는 모든 요구는 — 셸러 자신과 나중에 플레스너의 『유기체 생명의 단계와 인간』, 아놀드 겔렌(Anold Gehlen)의 『인간 : 세계 내에서의 본성과 위치(*His Nature and Place in the World*)』(1940)에 의해 — 세계 내 인간 존재의 근본적으로 이해하기 힘든 본성에 적절히 주의를 기울이지 않고, 그 본성에 대한 모든 경험 과학적 진술은 결국에는 이성을 꿰뚫을 수 없는 단편적인 추론 과정에 대한 파생적인 숙고였다는 정도에 의존한다고 주장했다. 우리가 단지 걱정스러워하는 예상만을 할 수 있다는 점에서 "존재의 역사"라고 불렀다. 『슈피겔』지와의 마지막 인터뷰에서 하이데거가 "오직 신만이 우릴 구원할 수 있다"고 선언한 것은 바로 이 상황에서였다.

이것은 몇몇 사람에게는 희망의 표현으로 받아들여질지 모르나 추론의 사용과 가능한 인식의 유용성에 의존하는 철학자에게는 절망의 충고로 여겨진다. 확실히 철학이 계속되는 한, 그것은 철학자가 이용 가능한 증거들을 이성적으로 통합하여, 동시대 사람들에게 그들이 직면해 있고 극복해야 할 딜레마에 대하여 긍정적인 통찰을 제공하는 데 성공할 수 있는 가능성을 부정한다는 것을 나타내고 있다. 야망이 적은 분석 철학자의 소리와 비교해서, 후기 하이데거적인 철학자의 소리가 학문적 논쟁의 한계를 넘어서 들려올 때조차도 그것은 — 자연철학자, 전문 기술자 혹은 경영자와 비교해서 — 객관적인 중요성이 부족하고, 구체적인 결과와 실천적인 장점과 일반적 관련성이 없어보인다. 흔히 문제가 되는 목소리가 일반적으로 잘 사용하지 않는 헛소리로 표현되었기 때문에, 거의 비지성적일 때나 혹은 윤리적 허무주의를 정치적으로 무분별하게 시인할 때 야기되는 도덕적 불안감이 이해되는 곳이거나 혹은 보수적인 다양성과 수동적인 절망의 풍조를 받아들이는 곳에서 이 상황은 최악이다.

하이데거가 관찰하길, "철학은 아무것도 일어나게 하지 않는다." 그러나 그것은 기껏해야 그의 외면적 의미가 너무 즉각적이지도 않고 너무 만족스럽게 가정되지 않은 반쪽 진리다. 확실하게 성찰의 실행 혹은 논쟁의 실행인 철학화하는 행위는 결론 없는 그 자체다. 확실히 철학의 중심 과제가 — 전통적으로 인식된 것처럼 존재론 혹은 형이상학의 역할에 대하여 — 무엇인가를 말하는 것으로 인식된다면, 기술과 분석의 행위는 양자물리학의 관찰이 행하고 있다고 말해지는 것과 달리 기술된 것의 내용을 조금이라도 바꿀 수 있다는 것으로 받아들일 수 없다. 그러나 그러한 기술은 그것이 발생한 정신을 변하지 않게 두지 않으며, "철학은 아무것도 발생하게 하지 않는다"는 것의 다른 측면으로는, 리차드 위버(Richard Weaver)의 가장 유명한 책의 제목인 "사상은 결과를 갖는다"는 인식이어야 한다. 사람들은 세계에 대한 사상에 작용한다. 그리고 그 작용을 통해 다소간 실체적 변화가 초래된다. 가장 수동적인 정신적 응답들조차도 우회적인 방식으로 변화에 도움이 된다. 그리고 가장 추상적인 철학적 개념들조차도 그에 따른 결과가 수반된다. "악이 승리하기를 요구하는 모든 것은 선한 사람이 아무것도 하지 않는 것이다"라는 속담에서 인식되는 것이 바로 이것이다.

수동성을 초래하는 체념이나 절망의 철학은 그들의 운명에 대하여 조금만 더 체념하기만 한다면 다른 사람들의 행동에 의하여 야기된 여러 과정상의 자유로운 통로에 대하여 그 길을 열어놓고 있다. 존재의 역사 안에서 인식하고 합리적으로 간섭하는 능력을 가진 철학자를 부정하는 후기 하이데거의 철학과 같은 철학은 철학을 무력하게 한다. 그러나 그렇게 함으로써 그것은 철학적으로 덜 교육받거나 철학적인 경향성이 없는 다른 사람이 간섭할 여지를 남겨둔다. 기술자, 정치가, 다른 실천적인 사람은 마치 그들이 행동하여야 하는 것처럼 철학의 가르침에 의존함이 없이 행동할 것이다. 그리고 그런 행동은 그들이 해왔던 다른 것보다 덜 합리적일 것이다.

에세이『생명의 현상』의 제8장에서 요나스는 그가 "이론의 실제적 사용"이라 부른 것을 숙고한다. 거기서 그는 "이론의 실제 사용이 나타나는 것은 구체적 판단과 선택의 영역 안에서라고 말한다. 여기에서 바로 이론의 사용은 그 어떤 이론도 허용하지 않는다. 만약 그것이 현명한 사용이라면, 그것은 좋은 의미의 이익이 될 수도 있고 또는 그렇지 않을지도 모르는 숙고에서 그 빛을 발하는 것이다. 그러나 이러한 사용에 대한 인식은 이론에 대한 인식과 다를 뿐만 아니라 그 어떠한 이론에 대한 이론과도 다르다. 그것은 이론과는 다른 방식으로 획득되거나 학습된다. 이러한 이유에서 아리스토텔레스는 정치학과 실천 윤리학의 존재를 부정했던 것이다"(PL, 199).

이것은 우리가 요나스의 철학적 인간학의 지위를 고려할 때 중요하다. 이 철학적 인간학은 하이데거의 '현존재'의 존재론과는 달리, 기술적·분석적이고 이론적일지라도 인간의 자연과학과 문화과학 — 역사와 생물학 — 을 사려 깊게 사용하고 검토함으로써 그 내용이 충실하다고 할 수 있다. 그럼으로써 요나스의 철학적 인간학은 실천의 영역인 구체적 행위와 선택을 안내하는 근원이 될 수 있다. 1930년대 결정론자의 다양성이든지 혹은 수동적 기대의 명상적 견해이든지 간에, 하이데거적인 가르침과 비교해서 더 많은 것이 포스트모더니즘의 윤리학으로 남아 있고, 이론의 영역과 실천의 영역 사이의 연관은 합리적이다. 철학적 인간학 그 자체로는 아무것도 발생시키지 않는다. 그러나 그것의 내용이 — 인간 본성의 진술과 복지 상태 — 합리적으로 이해될 수 있는 한, 그것은 우리가 해야만 하는 선택에 합리적으로 결정하도록 해준다. 아리스토텔레스가 강조했던 윤리학은 이론이 아니라 실천이다. 존재의 계속성이 사멸보다는 낮다는 것을 생명의 본성 안에서 가정해야만 한다고 요나스가 주장하듯이, 윤리적 선택과 판단의 영역 안에서 내리는 하나의 직접적인 결정은 그 어떤 가정보다도 더 합리적으로 정당화될 것이다.

바로 여기에서 우리는 유기체의 신진대사 활동에 대한 요나스 진술의 함축을 본다. 불활성 물질과 달리 뉴턴의 원리 혹은 자연의 원리 — 열역학의 법칙 — 의 결과로, 물리적 엔트로피의 점진적이나 가차없는 과정에 종속되어 있는 유기체는 본래 의식적으로가 아니라 목적적으로 존재 자체를 유지시키려고 애쓴다. 신진대사는 이런 활동성의 첫 번째의 가장 보편적인 형식, 즉 박테리아, 식물, 동물로서의 속성이다. 많은 동물의 경우에 이러한 과정은 자신의 생존을 유지시켜줄 수 있는 수단들에 접근하여 그들을 취하는 운동성과 지각에 의해 충족된다. 인간에게 이러한 새롭고 존재론적으로 전례가 없는 활동성의 차원들은 더 넓은 행동 영역에 의해 충족된다. 그것들 중 약간은 극단적으로. 반성적 숙고의 결과로서가 아니지만 행해진다. 이러한 생존에의 지향은 신진대사의 사실을 윤리학의 고려와 관련지우는 생명의 목적론적 속성이다. 작용의 양태는 각각의 경우에 다르나 언젠가는 존재하지 않게 되는데도 불구하고 생존의 지배적인 원칙은 똑같다. 그리고 모든 경우에 수반된 것은 물리적 사실의 엔트로피적 동력론을 거부하는 과정이다. 그런 노력들이 실패하는 것은 — 어떤 생명체도 영원하지 않다 — 명백하다. 분명한 것은 그 확실한 끝을 지연시키기 위하여 모든 생물들이 통일된 노력을 하고 있다는 것이다.

어떤 의미로, 하이데거가 인간의 실존을 죽음으로 — 향하는 — 존재로서 특징화하는 데 옳다. 그러나 그러한 특징화는 인간 '현존재'의 배타적인 특성도 아니며 생명 현상 안에 본래 존재하고 있는 구조적 동력을 소진하는 것도 아니다. 그리고 우리가 아는 한 언젠가는 죽기 때문에 시시각각으로 자신이 잊혀지는 존재가 된다는 것을 인식하는, 그래서 자신의 삶에 우선 순위를 결정할 수 있는 인간은 유일하지만, 언제 어디서나 그러한 생각들을 지배하는 원리가 언젠가는 자신이 죽을 것을 염두에 두고 존재를 질서지운다고 가정하는 것은 다소 엉뚱하다.

만약 그렇다면, 궁중 광대들이 귀족들에게 그들이 죽을 운명에 있다고 일깨워주기 위해 고용되었다고 상상하기란 어렵다. 하이데거의 시각으로 볼 때 그러한 생각이 나게 하는 사람은 필요 없어야 한다. 운명을 일깨워주는 일은 웃음을 자아내게 하는 계산된 기분 전환이나 또는 조크처럼 광대들에게 요구되는 일은 아니었을 것이다. 대부분의 신하들처럼 군주들은 자신들의 죽음보다는 다른 문제들에 더 관심이 많았다. 하이데거가 의미하듯이, 그렇게 살아가는 삶이 언젠가는 자신들이 죽을 것이라는 피할 수 없는 사실에 매일매일 사로잡혀 있는 병적인 영혼들보다도 덜 순수하다고 말할 수 있는 사람이 누가 있겠는가? 죽음이 즉각적으로 진행중인 사람들에게조차 정치범 수용소 생존자의 고백이 이상한 것으로 믿어질 수 있는 것이라면, 그런 사람들은 어느 시대든 흔치 않다. 여기서 요나스는 유대인 철학자며 유대교의 변함 없는 모토는 "생명을 선택하라"는 것임을 상기시켜볼 필요가 있다.

'죽음의 경고(*Memento Mori*)'는 스토아학파와 기독교 학설과 유사한데, 이는 때때로 그 방식과 필요에 충분히 고상한 연습이다. 그러나 그것은 절정이 아니고 생명 기술(ars vitae)의 가장 중요한 특징도 아니다. 생명 기술은 죽는 방법을 배우는 것 그 이상이다. 우정뿐만 아니라 우리가 이룩한 업적들의 형태인 교향악과 문화적, 사회적인 그런 문제들은 — 악보처럼 일정 형식을 늘 지속시키든지 혹은 관계처럼 생존해 있는 사람들의 기억 속에서 회상되는 — 순교하지 않는 우리들의 죽는 방식보다 더 중요하다. 소크라테스의 죽음에 관여했고, 잘 살아온 삶은 죽음을 실천하는 것이라는 플라톤조차 어떤 다른 것을 가정하지 않았을 것이다.

마라톤의 참전 용사이고 명예로운 비(非)군인인, 서양의 첫 번째 비극 작가인 아이스킬로스(Aeschylus)의 생명의 가치는 —

운명적이고 무자비한 죽음의 전형적인 시와 어떤 의미에서 하이데거 실존주의의 선구자 — 그 자신의 죽음을 야기했던 희극적인 환경이 아니라 그를 생존하게 하는 비극 속에 있다. 이것은 파괴된 파충류 속에 들어 있는 살을 게걸스럽게 먹는 독수리에 의해 매우 높은 곳에서 시인의 머리에 떨어진 거북이처럼 예상치 않게 발생했다.

고차적인 형태로, 인간은 일반적인 생명의 운명에 관한 부조리하고 우연적인 변형 안에서 다른 신진대사와 만났다. 그것이 '현존재', 즉 현재의 역사적 상황인데, 그것은 아이스킬로스의 생명을 숙고해야 할 무자비한 운명이 아니라 많은 예견할 수 없는 형태 중의 하나 안의 완전한 사건으로 종결시켰다. 참으로 만약 아이스킬로스가 오레스레비아와 같은 연속적 가족 살인범보다 오히려 그 자신과 같은 그의 비극에서 묘사한 죽음을 택한다면, 우리는『대성당 안의 살인자』의 엘리엇(Eliot)의 선구자로 그를 보지말고, 조 오르톤(Joe Orton)의『뿌리』에서 묘사된 초현실주의적인 부조리주의자의 희극적 죽음의 선구자로 그를 보아야 한다. 아이스킬로스와 같은 삶 또는 죽음은 순수하지 못한 것인가? 그렇게 상상하는 것은 생명의 현상 — 그것이 우연하게 획득할지도 모르는 통일성과 다양성의 기초가 되는 — 의 중요성을 오해한 것이다. 그것은『변화와 영원 : 역사 이해의 가능성에 관하여』에서 요나스가 철학적 인간학과 인간의 동일성에 관해 가장 뛰어난 논의를 소개하는 — 아이스킬루스의 비극들에 관해 언급하는 것이 아니라 더 많은 고대 그리스 선조들, 호머의 서사시에 관해 언급함으로써 — 방식으로 이끈다.

요나스의 처음 문장들은 이러하다. "아킬레스는 그의 텐트에서 부루퉁해서 파트로클레스를 애도하며 프리아모의 말에 슬퍼하며, 장작더미 근처에 있는 헥토르의 시체를 끌고 온다. 우리는 이것을 이해하는가? 확실히 우리는, 아킬레스의 존재 없이 파트로클루스를 사랑하고, 진흙 속에서 헥토르를 끄집어냈다. 억견을 시험하고, 덕과 지식이 무엇인지를 묻는 과정을 통해 삶을 살았던 소크라테스는 신의 명령에 복종하는 데에서 아테네의 등에(godfly)로 자처했고 그것을 위해 죽었다. 우리는 이것을 이해하는가? 그렇다. 우리는 우리가 그렇게 살고 그렇게 죽지 못하지만 이해한다. 방랑하는 전도사는 두 명의 어부를 부른다. 나를 따르라. 나는 너에게 사람을 낚는 어부를 만들어주겠다. 그리고 그들은 그물을 버리고 다시는 되돌아오지 않았다. 우리가 이것을 이해한다 해도, 우리들 중 어느 누구도 그런 부름에 따를 것 같지 않다. 그러므로 우리는 구약의 말씀을 결코 경험하지 못한 것을 알고 있다.

나는 이전에 소설가와 심지어 시인까지도 부러워할 문체를 가진 사람으로 요나스를 말했었다. 우리는 어쨌든 그의 글이 생겨날 수 있는 시적 자질에 관해 들었다. 그의 글은 시적 자질을 요구하였을 때 전개되고, 시적 자질이 요구되지 않았을 때는 억제되었다. 그러므로 종합해서, 철학자의 시는 결국 인식적인 의미를 옮기는 데 관련되어 있고, 미적 효과를 획득하는 데 관련되어 있지는 않다. 운율의 미, 참조의 고상함은 18세기 아우구스티누스가 중히 여겼던 것이다. 그러나 요나스가 말한 방식과 사실에서 어떤 것도 그의 철학적 목적에서 불필요한 것은 없다. 이것이 바로 철학적 인간학의 사태를 명확히 해주고 있으며, 철학적 인간학이 제시하고 있는 인식 형태라 할 수 있다.

비록 인용된 사례에서 — 아킬레스, 소크라테스, 복음서 — 우리가 함축된 것을 이해한다 할지라도, "우리가 그것을 올바르게 이해하고 있는가"라는 질문은 응답되지 않은 채로 남는다고 요나스는 말한다. 레오 스트라우스가 해석학적 이해의 본성에 대해 가다머와의 논쟁을 계속한 것처럼 역사가가 과거 인간 존재가 스스로 자기 자신을 이해했던 것처럼, 그의 인간 대상을 이해할 수 있고 이해해야만 한다고 우리는 말할 수 있는가? 혹은 오히려 하이데거에 의해 더 많은 영향을 받은 가다머가 세계와 양쪽의 인간 존재 각각은 역사적으로 특수한 상황의 산물인 해설자의 세계관과 해설된 것의 세계관 사이에서 "역사적 지평의 융해"라고 부른 것에 우리가 의존하는가? 이것은 문화적이고 사회적인 학문, 즉 정신 과학의 철학에서 중요하며 그것의 대답은 이러한 학문들이 제공할 수 있는 인식의 종류에 의존한다.

가다머가 『진리와 방법』에서 그가 진척시킨 해석 이론이 셸러, 플레스너, 겔렌과 같은 철학자들의 인간학적 이론 안에서 성립된 초역사적인 인간 불변성의 존재론을 그 자신의 전제로서 가정한다고 언급한 것을 비록 여기서 우리가 주목해야만 할지라도, 그에 관한 한, 요나스는 그가 시간과 공간에 의해 떼어놓아진 다른 사람에 의해, 한 사람의 표현과 행동들을 이해하는 문제를 기초로 하는 세 가지 논리적 가능성들이 있다는 것을 관찰한다. 요나스의 응답은 가다머의 것보다도 스트라우스의 것에 어느 정도 더 가깝다. 첫 번째 것은 시간을 거치는 동안의 본질적인 인간 본성의 동일성이라는 고전적 관점에서 기술된 주장에 기초해 있다. 인간은 모든 시간과 공간 안에서 동일한 본성을 갖는다. 그럼으로써 인간 경험과 응답의 범위는 동종의 인간인 해설자에게 이해 가능하다. 그 해설자는 공유된 인간성을 함께 하고 있기에 다른 사람의 경험을 상상하여 재생산할 수 있다.

이것에 대해서, "인간이 어떤 시간에 있다는 것은 인간 자신의 사실상 존재의 산물이고, 거기에서 했던 선택의 산물이고 인간 존재의 범위 심지어 그것에 열려 있는 선택들의 종류와 내용은 차례로 공간 — 시간적 장소의 — 사실성과 그 상황의 환경과 사건에 의해 미리 결정된다는 것과 마침내 그러한 상황은 유일하다"는 더 최근의 실존주의자의 견해가 정립된다. 요나스에 따르면, 이러한 견해들 모두는 다소 배타적으로 일면적이다. 첫 번째 것은 우리에게 그것이 함축하는 모든 것의 역사적 변화의 실재성과 해석학적 중요성을 무시할 것을 요구한다. 두 번째 것은 역사적인 다른 것을 이해하려는 요구는 실망이 된다는 급진적 회의주의에 이르게 한다. 왜냐 하면 급진적으로 다른 일련의 환경들의 산물로서 우리는 다른 사람들이 어떻게 살고 어떻게 느꼈는지를 이해할 수 없기 때문이다. 이러한 반대되는 논의들 둘 다 모두는, 이해한다는 것은 필연적으로 "'동일함을 아는 것'이라는 견해와 한편으로 이것이 가능한 진리를 의미하는 것이면서 다른 한편으로 역사적 이해의 필연적인 실패를 의미하는 차이점을 공유한다"(PE, 239). 첫 번째 견해에서 우리는 태양 아래 새로운 것은 없다는 진부한 가정을 하려는 경향을 발견한다. 두 번째 견해에서, 이해하고 있다는 모든 표현은 본질의 비존재적인 존재론적 동일성의 잘못된 개념에 근거하고 있다는 반직관적인 함축을 나타낸다.

어떤 견해도 이해는 참으로 가능하지만, 그러한 모든 이해는 그것 안에 어떤 실존적인 가능성들도 더 이상 해설자로 하여금 상상하도록 하게 할 수 없다는 사실에 기초한 역사적인 실패의 가능성을 포함하고 있다는 진리를 설명하는 데 완전하게 적절하지는 못하다. 그러나 요나스가 관찰한 것처럼 이 두 가지 입장들 ― 인간 본질의 불변성과 급진적인 역사적 불연속성 ― 은 똑같이 중요하지 않다. 왜냐 하면, 사르트르(Sartre)처럼 인간 본성의 본질적인 불변성을 부인하는 사람들조차 "유일하게 그에게 기인하고 동물과 구별되는 어떤 것으로 임의의 x에 대한 부정이 아니라 인간에 대한 부정을 서술한다. 이러한 부정성이 '본질적인' 속성으로의 인간을 말해준다"(PE, 240). 그러므로 요구되는 것은 제3의 입장인데, 인간성의 지속적인 특징에 대한 특이한 지속성을 받아들이는 반면에, 그것은 역사적 변화의 중요성과 그것이 수반한 새로운 것의 출현을 인정한다. 나는 요나스가 모든 세 가지 입장들의 장점들을 논의한 문장 전체를 인용할 것이다. 그렇게 함으로써 나의 첫 번째 책 『실재론(Realism)』(맨체스터 : 카르카네트출판사, 1981)에 실렸던 두 페이지를 반복할 것이다.

"하나의 영원한 인간 본성에 대한 학설은 양도할 수 없는 유사성이 오랫동안의 역사와 문화의 커다란 다양성을 넘어서서 어른과 어린이를 연관시킨다. 이것의 일반 근거는 예측할 수 없이 그것에서 생긴 모든 다양성을 지지하고 함께 유지하고 설명한다. 그리고 이와 함께 기초로서의 역사는 그것에 대한 이해만큼이나 가능해지는 것이다. 인간의 근본적인 변이성과 행동 변화와 변화 산물의 유일성에 관한 학설은 다른 문화들 안에서, 각각의 문화 진행에서 그리고 그것을 개개인이 공유하는 데에서 인간성의 특이성이 순수하고 예측할 수 없는 다른 것을 산출한다는 진리를 포함한다. 결론적으로 '유사한 것에 의한 유사한 것의 인식'은 그 자체를 초월하고 — 유사한 것의 기초에서 벗어난 — 그리고 다르다는 것에 대한 이해는 가능한 것이며 노력이 필요하다는 진리를 포함한다. 어떻게 그것이 가능한가는 아직 해결되지 않은 문제로 남아 있다. 마지막으로 모든 이해를 실패한 학설은 해설자가 자기 자신을 해석되어야 하는 쪽으로 끌어들여 그것 자체의 본질과는 멀어지게 하고 해설자 자신과 동화시킨다는 진리를 포함한다. 또한 모든 진보는 영원성 속으로 잊혀지는 얼룩 투성이의 잔류자로 남는다"(PE, 242-43).

"이러한 문구는 인간에 대한 이해와 특히 역사적 이해의 본성에 대한 요나스의 논의에서 그 방식을 명백히 해준다. 그는 자아의식에서 유추한 결과에 의해 다른 정신들에 대한 인식을 획득함에 따라 우리가 데카르트적 관점을 거절해야만 한다는 것을 말하면서 외적인 의식의 본성을 강조한다. 그 역은 참이다. 우리 자신의 정신들에 대한 인식, 즉 정신에 대한 자각 그 자체는 다른 정신들과의 교제 작용이다. 자기 자신이든지 다른 사람이든지 간에 내적인 인식 자체는 최종적인 자기 반성에서 발견될 것을 결정하며, 결정적으로는 공동 결정하는 전체 환경과의 소통을 기반으로 한다. 왜냐 하면 우리는 유아로 생명을 시작하고 (철학자들이 그것을 잊고 있는 사실) 성인이 된 사람들로 세상에 뛰어들기 때문에, 특정한 '나'로 존재하는 것은 이러한 소통 안에서 주는 자보다 받아들이는 자다. 그 과정에서, '나'인 기본적 내면성은, 다른 사람의 내적인 가능성이 들어가 있는 타인의 연설, 언급, 행동을 자기의 것으로 만듦으로써 전개된다"(PE, 244).

동물의 삶은 표현되고 그 표현은 직접적으로 지각에 주어진다. 이것이 인간의 범주를 넘어서 확장되었다는 것은 개의 얼굴에서 헌신이나 공포를 본 사람이라면 누구에게든지 명백하다. 그러나 인간성 안에서 그것의 범주는 더 크고 그것의 내용은 좀더 구별된다. 우리가 다른 사람을 이해하는 것은 우리가 다른 사람의 의식에 일종의 긴급 직통 전화선을 가지고 있기 때문이 아니라 우리 자신의 경험과 유사점에 의해 우리가 실제로 경험하지 못한 것을 이해하기 때문이다. 이해라고 하는 것은 실제 경험 그 자체보다는 인간에게 확실히 일어날 가능성이 있는 경험에 대하여 감지할 수 있는 잠재력에 훨씬 더 많이 의존한다. "'사랑으로 사랑을 안다'는 것은 나 자신의 사랑의 감정을 경험하는 것에서 아마도 다른 그 누군가에게 일어나고 있는 것을 추론하는 것은 아니다. 나는 『로미오와 줄리엣(*Romeo and Juliet*)』의 사랑의 잠재성과 테르모필레의 이야기에서 희생적인 영웅적 자질의 미(美)를 깨달았다. 이것은 나 자신의 영혼 혹은 오히려 ─ 나 자신의 실제적 경험이 되거나 되지 않을 가능성 ─ 꿈꿔보지 못한 그 '영혼'의 가능성을 나에게 보여주는 경험이다. "상징에 의해 중재된 잠재성의 이러한 경험은 분명히 '이해(understanding)'다. …… 다른 사람들의 정신을 인식하는 것은 인간의 일반적인 인간성이라는 근거에 의존한다. 그러나 그러한 상황에서, 그 일반적 근거는 자아와 타자 안에 '존재하는 것' 사이에 평행을 제공함으로써가 아니라 타자의 목소리로 하여금 영혼 안에 잠복해 있거나 본성에서 끌어낼 수 있는 가능성을 요청하도록 허용함으로써 효과적이 된다"(PE, 246-47).

요나스는 인간의 일반적 인간성으로 인간이 의미하는 것을 분석한다. 첫째로, 그것들이 드물게는 설명으로 언급된 것을 매우 당연히 여기는 생물학적 불변의 것들이 있다. 이것들은 음식, 물, 잠, 어린이의 성공, 성인, 노인, 육체의 사멸, 양성에 대한 신체의 욕구들이다. 이러한 정상적으로 말해지지 않은 가정들의 중요성을 인식하기 위해서, 모스크바에서의 나폴레옹의 퇴각을, 공기로 지속할 인공 보조물 없이 힘들이지 않고 하늘을 날고, 1년에 세 시간만 가는 다른 행성으로부터의 존재로 설명하기는 어렵다는 것을 생각해볼 필요가 있다. 역사 교사는 지금까지 그가 말한 모든 것 안에 생물학적으로 불변의 것이 가정되어 있다는 정도까지도 곧 알게 될 그런 존재의 자손들에게 지구 역사의 원리를 가르치도록 요구했다.

생물학적 수준으로부터 문화적 수준으로 옮겨감으로써, 우리는 인간의 생산물들이 인간 본성의 공통성을 나타내는 것임을 발견한다. 발견된 인간 가공품은 도구(tool), 그림(image), 무덤(tomb)으로 정형화된 세 가지 범주에 속한다. 요나스의 말에 따르면 이러한 범주들은 나중에 물리학, 예술과 형이상학의 발전을 예시한다. 도구, 그림, 무덤은 각각 인간 세계와의 연관의 불변성을 나타난다. "도구는 (무기와 꽃병을 포함한 용구) 물질을 다룰 욕구에 의해 압도된 존재가 간접 방식으로, 발명으로부터 기원하고, 더 나은 발명에 열려 있는 이러한 욕구를 제공한다고 우리에게 말한다. '그림'은 비물질적인 목적을 위해 물질에 도구를 사용하는 존재가 지각의 내용들을 표현하고 그 내용의 변형물을 즐기고, 새로운 형태 — 그의 욕구와 그것의 직접적인 만족의 물질적 대상을 넘어서 표현의 또 다른 객관 세계를 야기하는 — 에 의해 내용을 증대시켰다고 우리에게 말한다. '무덤'은 운명에 종속된 존재가 삶과 죽음을 중개하고, 출현을 거부하고, 그의 사고를 보이지 않는 것 — 도구와 그림을 그러한 사고의 조력에 넣는 — 으로 향상시킨다고 우리에게 말한다. 이러한 것들은 인간과 동물을 위해 주어진 무조건적인 것에 대하여 응답하고 초월하는 기초 형식들이다. 도구를 가지고 우리는 발명을 통해 물리적 필요를 능가한다. 그림을 가지고 우리는 표현과 상상을 통해 수동적인 지각을 표현한다. 무덤을 가지고 우리는 신념과 슬픔을 통해 죽음을 극복한다. 이 세 가지 모두는 초월적인 작용을 통해서, 과거에 모든 인공물을 만든 사람과 그들과 우리들 사이에 나타난 모두와 함께 우리에 의해 공유된 다양한 자유의 양태들이다. 그렇게 공유됨으로써 그것들은 전체 인간 역사에서 타당한 이해의 보편적인 '동격자'로서 기여할 수 있다"(PE, 252).

지금까지 우리는 언어를 언급하지 않았다. 아마도 나머지 동물의 왕국으로부터 인류를 구별하는 가장 중요한 것이고, 그것 없이는 인간성의 다른 유일한 장점이 나타날 수 없는 언어를 언급하지 않았다. 문어나 구어로써, 또 다른 인간의 언어는 인간의 표현과 그가 사는 세계의 중요한 것으로 이해될 수 있다. 그러므로 다른 언어의 이해는 간접적인 언어의 유사성을 넘어서, 인간 본성과 그가 참여하는 실재성의 불변성에 의존한다. 그러나 언어는 인간 위상에서 불변하는 요소를 표현하는 것보다 더 많은 것을 한다. 요나스가 우리에게 상기시킨 것처럼, 그것은 또한 역사성의 매개자이고, 그 매개성을 통해 일반적인 인간성의 기초 근거 위에 각 문화의 유일한 역사적 존재는 공유된 활동성과 창조적 혁신을 통해 오랜 시간을 거쳐 구성된다.

언어 안에서, 우리는 "한편으로는 특별한 문화가 최초에 세계에 대해서, 즉 나머지 모든 것을 미리 조절한 기초적인 실재성의 파악에 대해서, 그의 자세를 명확히 표현한 비밀스런 최초 단어 혹은 암호화된 통찰을 발견한다. ― 진리의 가능한 범주를 열고, 동시에 정한, 언어의 보편성의 생명 있는 정신이라고 우리가 부르는 것, 그리고 다른 한편 이러한 최초의 단어의 생명이 상징적 표현의 가장 높은 (그러나 아직 속이는) 명석함에 이른 시(詩)와 숙고의 절정을 발견한다"(PE, 257-258). 이러한 언어의 가장 높고 가장 낮은 범위는 요나스에게 가장 역사적인 현상이고 이해하기 가장 어렵다. 보겔린의 전문 용어를 사용하여 우리는 상징의 가장 간결한 것과 개념의 가장 차별화한 것은 모든 인간의 표현들 중에서 도달하기 가장 어렵다고 말할 것이다. 그들이 잠재적으로 전달한 풍부한 의미는 가장 감각적인 해석을 낳고, 맹목적인 확실성을 없애버린다.

이것은 인간의 과학적 탐구들 중 가장 정통하고 식별력이 있는 것에 참여하며, 확실성이나 도그마의 영역이 아니라 개연적 귀납의 영역을 해석학적으로 탐구하는 회의주의의 반음영이다. 이것은 그런 탐구의 과정을 부정할 이유가 없고 인식 가치를 의심하지 않는다. 그들의 인식적 범주에서 불확실성은 결국 그들만의 특성이 아니다. 오히려 그것은 모든 인간 인식의 영역들에 적당하다. 어떤 남편도 그가 없을 때 그의 부인이 하는 일을 확실히 알지 못한다. 어떤 물리학자도 그가 물체 안에서 동일시한 소립자들이 결국 발견될 모든 것이라고 확실히 알지 못한다. 그러나 같은 이유로, 이러한 회의적 견해는 남편이 그의 아내를 신뢰하는 것을 막지 못하고, 물리학자가 그가 얻을 수 있는 만큼의 원자의 구조적 속성에 대해 진술이 하는 것을 막지 못한다. 명증적 확신은 가까이에 있을 그 어떤 인식에 기초한 판단 작용이다. 다소 그것을 요구하는 것은 현실적으로 심한 손상을 입히고 이론적으로 불합리하다.

그러한 확신들은 개인적으로 결정한 일은 아니다. 똑같이 분명한 증거에 직면하여, 합리성이 있는 사람이라면 누구나 똑같이 잠정적이기는 하지만 이성적인 결론에 도달하리라 예상된다. 기껏 해보았자 그러한 판단은 법정에서 배심원이 "확실히 합리적으로" 피고인의 유죄 혹은 무죄를 찾아내야 한다는 단서에 따라야 할 것이다. 모든 영역에서 그러한 판결은 더 확실한 증거에 의해 수정될 가능성 있다. 그러나 어디에서도 이것이 판단에 이르는 것을 거부할 만한 충분한 이유라고 생각되지 않는다. 법률적 절차들이 인간 사회 안에서 갖는 실제적 중요성의 관점에서, 확실한 증거와 함께 안전한 판단이라고 하는 최상의 공식이 발견되어야만 하는 것이 법률의 수사학적 궤변 안에서라는 것은 놀랍지 않다. 그리고 우리가 철학적 인간학의 영역 안에서 우리가 인간의 본성과 위상에 대한 다른 진술들 사이에서 판단할 때 우리가 적용하는 것이 바로 이것들이다. 이러한 기준에 의해, 활용할 수 있는 증거들의 다양성으로 묘사되는 요나스의 진술이 실제로 매우 두각을 나타내고 있다는 결론을 거의 피할 수 없다.

제 5 장
기술공학 시대의 윤리학과 책임

이 책은 한스 요나스의 철학이 그 힘과 지혜에서 동시대의 어떤 저서와도 달리 인류의 현재의 위상과 인류의 미래의 전망을 제공해준다는 대담한 주장으로 시작했다. 잇따른 여러 장에서, 나는 그의 숙고들이 인간 존재의 물질적이고 생물학적인 기초들과 모든 생명 형태들과 인간을 분리시켜주는 독특한 특성을 세계 안에서 인식하는 인간 본성에 대한 과학적으로 정통한 진술을 이성적으로 제시하는 방식을 썼다는 것을 말해왔다. 이 장에서는 우리는 일반적인 중요성의 견지에서 그의 주요 저서인 『책임의 명법 : 기술공학 시대에서 윤리학의 탐구에 대하여』(1984년)로 옮아간다.

요나스는 내가 말했던 것처럼 에세이 형식의 대가이고 그의 대부분의 저서는 약간은 상대적으로 간단하고 그 나머지는 확대된 에세이로 구성되었다. 그러나 레온카스(Leon Kass)가 말한 것처럼, 각각은 "자기 충족적인 작은 보석 ─ 논의된 복잡한 이슈들의 많은 면을 제공하는 단단하고 예리한" — 이다. 그가 에세이 형식에 집중하는 것은 부분적으로는 취향의 문제이고 부분적으로 그의 생활 환경에 대한 작용에서다. 독일에서의 탈출 때문에 야기된 그의 학문적 경력의 중단과 그리고 다른 지적인 탈출과 비교해서 군인의 직업을 택함으로써 그가 응답했던 사실 때문에 그가 처음으로 학문적 지위를 갖게 되었을 때 그는 이미 40대였다. 그러한 생활은 반성적 사고를 하기에 충분한 여지를 남긴다. — 실제로 요나스가 보는 바로는 그것을 요구했다 — 그러나 그것은 준비된 접근을 요하는 장기간에 걸친 체계적 논문이라는 결과물을 이끌어내지 못한다. 그러므로 그의 첫 번째 주요 저술인 그노시스의 연구와 마지막 주요 저서인『책임의 명법』은 전기적 연구서의 형식을 취한다.

『생명의 현상』의 논의에서 내가 지적했던 것처럼, 그의 사고는 개인적 에세이의 한계와 추상적 탐구의 영역의 경계를 체계적으로 넘어가는 능력으로 특징화되기 때문에, 이것은 다른 사상가들의 경우보다 요나스의 경우에서는 별로 문제되지 않는다. 따라서 그 시대의 난제들에 대하여 정당하고 합리적으로 응답하는 데에서 도덕적일 뿐만 아니라, 그것이 포괄적이고 일관성 있는 단일하고 통합된 철학적 계획에 대한 그의 다양한 관심을 통합한다고 하는 이중적 의미에서 그의 저서가 통합의 장점을 보여주고 있다고 할 수 있다. 고대와 현대의 허무주의의 형태에 대한 상대적인 연구로 시작한 그 과정은 기술공학 시대의 윤리학의 체계화에 이르렀다. 그 저술들은 많고 다양하다. 그들을 나오게 한 계획은 지적으로 하나다. 그 끝은 시작 속에 있다는 것이다.

우리는 요나스의 저서에서 본질적 목적성, 즉 내적 목적론에 관해 말할 것이다. 그리고 이것은 17세기에 아리스토텔레스적인 물리학과 생물학의 종말과 함께 자연과학의 세계관으로부터 사라져버린 목적론적 조직의 특성을 지닌 자연에 대한 진술로 복귀한 한 명의 사상가의 철학을 특징화하는 데 특히 적절하다. 유기체의 목적론적 차원에 대한 이해의 회복은 고대 과학보다 현대 과학의 우월성을 특징짓는 인식적 진척의 어떤 희생도 요구하지 않는다는 것을 나타내기 위해서 요나스의 철학적 생물학, 즉 그의 유기체 이론에 대해 나는 충분히 말해왔다.

　현대 과학은 모든 존재가 내적으로 질서지워진 우주 질서 안에서 그것의 적절한 위치를 잡기 위해 목적적으로 결정되어 있다는 고대의 견해를 거부하였다. 그것이 실패한 것은, 그 자체의 맹목적이고 무목적적인 과정이 영원히 지속되지 않지만 생명체로서 계속 생존을 유지하는 형태로 구조적으로 조직화될 수 있다는 것을 인식하지 못하는 데 있었다. 그러한 형태는 이신론자(the Deist)가 가정했던 것처럼 의식적인 창조적 설계라는 요소를 요구하지 않았고, 아리스토텔레스가 가정했던 것과 같은 내적인 목적이 있는 본질의 개별적 소유도 요구하지 않았다. 다른 물질이 생명의 동일성으로 흡수된 신진대사의 현상은 자크 모노(Jacques Monod)가 그의 유명한 책인 『우연과 필연(*Chance and Necessity*)』의 제목에서 제시한 것처럼, 우연과 필연에 의해 지배된 세계에서조차 목적론의 요소가 완전히 사라지지 않는다는 것을 확실히 한다. 목적 있음은 인간 생명만의 특성이 아니다. 살아 있는 형태로의 생존을 무의식적으로 추구하는 것이 생명체의 일반적 속성이다. 오직 적자만이 생존하는 다윈의 자연 선택 이론은 이러한 존재론적으로 전례 없는 생명체의 속성이 인간을 포함한 새롭고 더 차별화한 유기체의 형태가 전개할 기계주의에 대한 진술을 제공함으로써 의식적인 계획에 대한 언급 없이 설명되게끔 허용하는 반면에, 그것은 데카르트의 이원론이 정신과 물질 — 데카르트 자신과 그의 직접적인 계승자에게서, 신비스럽고 유일하게 인간의 경이로움과 연관된 영역 — 의 존재론적으로 연관되지 않은 영역들로 분리하였던 생명 형태의 불변성을 재정립하였다. 같은 이유로, 생명의 역사에서 진화적인 연속성에 대한 진술은 우리에게 각각의 나타난 종들의 특성들과 획득된 잠재력처럼, 그것의 조상들의 속성들 안에 존재론적으로 미리 예상되었을 것이라는 방식들을 인정하는 것을 허용할 뿐 아니라 우리에게 요구한다. 생명의 기원은 설명되지 않은 채 남아 있다. 그리고 다윈주의의 용어로만 설명하기 어려우나 일단 존재하는 생명의 자연사는 인간의 가능성들로 가득 차 있다.

　　이것을 명확히 표명하는 것이 요나스 저서의 커다란 구상이다. 일련의 논의에서, 그것이 윤리학 이론과 생명철학이 묶어지는 고리다. 이것보다도, 요나스 철학의 종합을 신진대사의 역동적 과정에서 이미 본질적으로 구체화된 생존의 명법에 단일하고도 명백한 응답으로 간주하는 것은 가능하다. 이 사상에서 신비적인 요소는 없다. 그것은 신진대사 작용을 지배하는 생명체 안에서의 자기 보존에의 똑같은 지향이, 왜 특별한 한 명의 20세기 사상가가 정신적 행동 과정, 철학적 반성과 응답의 과정을 통해서, 생명을 파괴하는 허무주의의 도전에 의해 제기된 자신의 영속적 실존

에 대한 위협으로부터 자신의 방향을 모색하려고 애써야만 하는
가를 설명해준다는 관찰에 기초하고 있다. 그 허무주의가 나치
독일의 군대에서 물리적으로 구체화되었던 한에서는, 그 도전은
동등한 또는 운이 좋으면 좀더 우월한 물리적 힘에 의존하여 직
면할 수 있게 되었다. 그러나 나치즘의 이데올로기가 그것의 출
현을 허용했으며, 적어도 하이데거에게 그것은 인간 종족의 생존
조건에 대해 삶을 고양시키는 목적성 있는 해결책을 제시한 것처
럼 보이는 사상의 풍조에 의해 조건화되었던 한에서는, — 요나
스는 아니지만, 독일 사람들이 이 세계적 기술공학의 도전에 직
면해서 자신들의 역사적 존재를 확실하게 할 수 있었던 수단 —
그 도전은 더 합리적이고 인간적인 포괄성으로, 존재에 대한 하
이데거적 진술에 응답함으로써만 직면될 수 있었다. 이것은 요나
스가 성취하려 했고 내 견해로는 행하려고 했던 것이다.

　하이데거의 저서에 대한 가장 전망 있고 가장 호의적인 비평가
인 한스 게오르그 가다머는 하이데거의 "하나의 길", 즉 그의
삶을 새로운 방식들로 그러나 언제나 그 자신 존재 역사의 불가
사의한 도전에 응답하려는 의도로, 존재 문제를 지속적으로 생각
하게끔 유도하는 숙고의 단일한 길에 대해 말한다. 그의 사고의
문제들은, 그가 그것을 인지한 것처럼 하이데거의 용어로 가능성
들 무엇이나 역사적 상황에 유용하다는 전유에 이른다. 불행하게
도 하이데거가 처음에는 택하지 않았으리라고 증명되는 국가사
회주의의 불행한 실책 이후, 전유의 형식만이 객관화된 형태로서
의 기술공학 시대에 형이상학을 실제화함에 의해, 우리가 빠진
부주의로부터 우리를 구하는 것으로의 미리 예견되지 않았으나

기대된 존재 역사의 분배에 참여하는 것으로 판명된다. 다른 방식으로 같은 전제로부터 출발하는 요나스는 하이데거 자신에게 평행하고 그에게 응답하는 양자택일적이고 단일한 책임 있는 방식을 추구한다.

내가 『책임의 명법』에서 어느 정도의 중요성을 얻기 위해, 그리고 그와 함께 당대의 철학적 세계의 두 거두인 비트겐슈타인보다 더 위대하고 하이데거보다 더 유익한 요나스의 철학적 저서의 중요성을 주장하는 논거를 얻기 위해, 그 책의 논의를 검토하기 전에 약간의 예비적인 명백한 논평이 필요하다. 요나스는 비트겐슈타인이나 하이데거와 비교해서 영국이나 미국에서 상대적으로 잘 알려지지 않은 사상가이기 때문에, 해설자가 그 인물에 대해 대담한 주장을 펼 때, 그는 편협한 편심성을 갖고 그가 좋아하는 사상가인 어떤 사람의 사상을 중심으로, 그것을 숭배하는 철학 분파를 만들려고 한다는 의심을 일으킬 것이다.

나 개인으로서는 성인전(聖人傳), 평이 좋은 잡지, 믿음이 사상을 바꿀 것이라는 집회와 인터넷 망(wep sites) 등, 지적인 현장에서 이미 충분하게 있는 그러한 많은 학파를 더 덧붙이길 원하지 않는다. 요나스가 말하는 것은 너무나 중요하여 그러한 의도는 찬탄하는 단체의 속성이 되지 않는다. 그의 저서가 특히 윤리학에서 평가되고 이해될 때, 그것이 비트겐슈타인의 유감스러운 유산인 철학의 학적인 제한과 하이데거의 주요한 유산인 비과학적인 비합리주의 형식으로의 일탈과의 균형을 이루는 데 기여할 일반적 보급을 시작할 수 있도록 하기 위하여, 『책임의 명법』의 논의에 대한 더 자세한 검토와 대중화만이 이러한 일을 가능하게 할 것이며, 우리로 하여금 20세기 사상사에서 단지 이름뿐인, 지성계의 상대적으로 저급한 인물보다 더 상당한 인물로 그를 보도록 허용할 것이다. 이러한 일이 일어나지 않는다면, 나는 요나스가 하이데거의 방식에 대해 양자택일적이고 평행적이고 반대되는 숙고의 방식을 제공하며, 왜 그러한 방식의 제공이 그렇게 필요한가를 말함으로써 내가 의미하고자 하는 것을 더 명료히 해야만 한다.

그리고 여기서, 비정신적인 시대의 정신을 형성하는 많은 우리의 문화 영역에서, 매우 중대한 것은 비트겐슈타인이나 어떤 다른 사상가보다는 오히려 하이데거에 대한 언급이다. 그것은 하이데거가 갖고 있는 영향력 때문만이 아니라, "오직 위대한 사상가만이 우리의 지적인 곤경에서 도울 수 있고" 우리의 최근의 불행은 "우리 시대의 가장 위대한 사상가는 하이데거뿐이다"라는 레오 스트라우스의 주장에 실제적이고 동일한 의미가 들어 있기 때문이다.

스트라우스가 "위대한 철학자"가 아니라 "위대한 사상가"라고 말한 점에 주목하라. 왜냐 하면 엄격한 의미로 철학자로서 비트겐슈타인, 후설, 다른 사람들은 하이데거만큼의 '위대한'이란 타이틀을 갖지 않았기 때문이다. 그들의 저서는 하이데거의 저서와 비교하면, 폭이 좁게 문화적으로 언급했고 덜 중요하다. 그것은 비트겐슈타인의 경우 혼동된 언어를 제거하고, 후설의 경우에는 그가 "생활 세계" — 그것이 인간 조상의 출현 덕택에 우리가 공유하는 자연적 경험의 교육되지 않은 형식에서 나타난 것과 같은 세계 — 라고 부른 직접적 지각의 자료로부터 학적 이론을 궁극적으로 유추해내는 데서 알 수 있다. 그 어떤 경우에도 그 저서는 그것이 훌륭하고 필수불가결할지라도, 우리에게 하이데거의 저서가 그랬던 것처럼 일상 존재의 흔히 겪는 경험뿐만 아니라 세계적 기술공학의 확장된 영향력이 그 존재의 경험과 전망의 장점에 가하는 영향을 이해하게 하는 세계관을 제공한다. 스트라우스의 의미로는 요나스가 하이데거에 비례할 위대한 사상가인지 아닌지 나는 알지 못한다. — 오직 때가 되면 알게 될 것이다. 내가 생각한 것은 그의 저서가 이러한 차원의 동등하나 더 합리적인 세계관을 제공한다는 것이다.

『책임의 명법』에서 우리는 이러한 특성을 발견한다.『책임의 원칙(*Das Prinzip Verantwortung*)』으로 1979년에 독일에서 처음 출판된 그 책은 5년 후에 그 책이 영어로 번역되어 나타났을 때 호평을 받았고 엄청나게 배포가 되었다. 이것은 학자, 사업가, 정치 지도자가 함께 한, 협회와 회의에 강연자로 참가하는 요나스의 대중성과 명성의 결과였다. 그것이 관심이 있던 대학 교수들보다도 더 넓은 독자에게 도달되었다는 것을 확실하게 하는 반면에, 그런 협회와 사건의 존재는 영어 사용권의 나라의 경우보다 그 책의 수용에 비옥한 밑거름을 제공했다. 영국이나 미국에서 유행하는 분석적 양태보다 범주에서 더 넓은, 그것이 예로든, 철학의 스타일은 유럽 대륙에서 더 자연적으로 반향되었고, 그 시기에, 요나스의 동료 철학자들은 책 속에서 많은 것을 알고 있는 사람이 쳐놓은 전문가적인 경계선을 넘지 않으면서, 그들의 재능의 예를 인식할 수 있다는 것을 확실하게 하였다.

특히 독일에서 발간된『기술공학 시대에서 윤리학의 탐구에 대하여』라는 책의 부제는 『기술공학과 관련된 문제(*The Question Concerning Technology*)』라고 영어로 번역되어 더 광범위하게 논의된 저서에서, 1962년에 하이데거에 의해 철학적으로 발의된 문제에 대답하는 듯했다. 그것은 윤리학의 주제를 인용함으로써, 존재사(*存在史*)의 운명의 견지에서, 그 이슈에 대한 하이데거의 논의 ― 하이데거의 용어와는 다른 용어로, 형이상학적이고 윤리학의 내용을 회피한 듯 여겨지는 논의 ― 는 없다는 사실을 보여주었다. 이것은 20만 권 이상이나 판매된 독일에서만 책의 성공에 기여한 것이 아니라 1992년 그 해에 이탈리아에서는 이탈리아어로 번역된 가장 좋은 책으로 '1992 프레미오 노니노'상을 수상했다.

요나스의 새로운 저서가, 유럽 대륙에서의 수용과 비교해볼 때 영국에서는 잘 알려지지 않았다고 말하는 것은 잘못이다. 그 새로운 저서는 특별한 흥미와 호소를 갖는다고 기대되는 생태학적으로 지향된 모임에서도 거의 혼란을 야기하지 않는다. 데이비드 헤어(David Herr)와의 공동 연구에서 요나스에 의해 번역이 우아한 영어 저서로 되었고, 처음으로 나왔을 때의 영국어 판과는 전혀 다르지 않다. 아마도 오늘날 윤리학이 아니더라도, 다양한 형태의 기술공학적 혁신의 공포에 의해 야기된 관심사가 대중에게 더 우세해질 때 상황은 바뀔 것이다. 만약 그렇다면 기술공학적 혁신에 대한 제안자와 그러한 혁신이 그들을 기초로 하는 과학을 무시하고 변화의 증가하는 속도와 불확실한 방향이 이끄는 것을 두려워하여 물질적 이익만을 갈망하는 것 사이에 너무 많은 혼동과 상호 몰이해되는 토론에 균형을 가져올 철학적 의견에 대해 적절한 인식을 할 때가 무르익었다.

　재생산된 기술공학과 식량의 유전적 변형만큼 다양한 영역에서 우리 존재의 장점과 본성을 바꿀지도 모르는 기술공학적 발전으로 넘겨 연장해볼 때, 순수한 윤리적 관심사를 가진 과학자들 중에서, 과학에 대한 잘못된 불신을 갖고 있으면서 무지한 사람들이 주도권을 잡고 있는 토론은 우리의 전망에 더 많은 손해를 가져다준다. 입법자에게 그들이 다루기에는 힘든 사태에 대해 숙련된 조언을 제공하고, 창발하는 기술공학들의 함축적 의미를 대중에게 알리는 일을 하고, 때로는 분쟁이 있는 사건을 처리하게 되어 있는 많은 정부의 자문 단체가 있음에도 불구하고, 혼동된 상태는 정치인과 대중들에게 팽배해 있다. 결코 과학적으로 박식하고 윤리적으로 감각적인 철학만이 제공할 수 있는 균형 잡힌 의견을 더 많이 필요로 하고 있지 않다. 우리에게 현재 부족하며 요나스가 제공해줄 수 있는 것이 바로 이것이다.

　『책임의 명법』은 그것이 출판된 이래 몇 해가 지났음에도 불구하고 오늘날에도 윤리학의 연구들, 과학의 함축들, 공공의 관심들 각각의 연구에서 토론의 근간을 제공한다. 그것은 전례가 없는 속도와 범주로 진행중인 기술 혁명의 결과, 우리가 직면한 선택에 대해 새로운 것과 변화하지 않는 것의 이해를 명료히 했기 때문에 그러하다. 현대 기술공학의 힘은 결과적으로 인간적 간섭이나 통제를 넘어서 있는 영역 안으로, 우리 결정의 결과를 공간적으로, 시간적으로, 심지어 존재론적으로 확장하는 가능한 인간 행위의 차원적 범위를 변화시켜왔다. 결론적으로 많은 전통 윤리적 응답들은 그들이 서로서로에 대해 적절하게 인간 행위를 규제하고, 그들 행위의 단기 결과와 연관되었다 할지라도, 전례 없는 임의의 범위를 갖는 행위들에 실천적으로나 이론적으로 대항할 수 없다. 책임감은 힘의 상관자다. 그리고 그러한 것은 다른 사람에 대해서 뿐만 아니라 우리의 생존이 의존하고 있는 자연에 대해서 지니는 변화하는 힘이다. 그것은 도덕적 선택을 할 수 있는 그리고 이전의 모든 도덕적 신념을 부적절하게 여기는 존재들로서 유전적으로 결정된 본성을 포함한다. 이것은 그것들이 필연적으로 잘못 되었기 때문이 아니라, 인간 행위자의 현재 전망의 범주에 대항하도록 고안되어 있지 않기 때문이다.

존 헤르츠(John Herz)는, 그 책이 출판되었을 때 "전통 윤리학은 언제나 주어진 공간(가족, 종족, 국가)과 주어진 시대(현재 혹은 직접적인 미래) 안에서 개인적 행위를 다룬다. 그것은 자연의 존재와 무한히 계속되는 후손의 존재를 당연히 여겼다. 이제 모든 것은 변화된다. 책임의 윤리학은 지구상의 생명의 지속적인 가능성에 우선권을 준다." 이것은 충분히 테스트된 윤리적 추론과 판단의 형식들을 요구하지 않고 기술공학적으로 조절된 인간 행위의 연장을 고려할 방식으로 우리의 확신을 수정할 것을 요구한다. 그러한 개정은 우리가 구분한 과정의 본질적인 위험을 합리적으로 인식할 수 있다면 효과적일 것이다. 그것은 우리가 과학적 탐구의 특별하고 유용한 노선을 추구하고 그것을 실제 적용해야 하는지 어떤지를 결정하려 할 때 "예방 원리"라 불리는 것에 호소하게 된다. 요나스는 그가 "공포의 발견술(heuristics of fear)"이라 부르는 것에 의해 우리가 인도되길 제안하면서, 그것보다 오히려 더 강하게 사실들을 제시한다.

이것에 의해, 요나스는 기술공학적 혁신의 추구에서 우리는 무엇이 우리가 행하는 것의 가장 나쁜 결과가 될 것인가를 언제나 상상하도록 우리 자신을 교육해야만 한다는 것을 말하고 있다. 그는 유토피아적인 마르크스 이론가인 에른스트 블로흐(Ernst Bloch)가 "희망의 원리(principle of hope)"라고 부른 것에 논쟁적인 반대를 하는 이러한 권고를 다음과 같은 것에 기초를 둔다. 즉, 이전보다는 현재 우리가 하는 것의 완전한 결과를 예견할 수 있고, 예견되지 않은 혁신의 임의의 범위가 주어진다면, 우리는 우리 행위의 결과들이 인간의 생존 가능성을 위험에 처하게 할지 모른다는 사실을 알게 된다는 인식에 기초를 둔다. 나는 그의 공식화의 계시적 함축이 제시하려는 것에 반대해서, 요나스가 낙담과 파면의 반과학적 예언을 하는 계시적인 예언가가 아니라고 강조할 수는 없다. 그는 기술공학적 혁신을 추구함으로써 "이제까지 인류의 길을 밝혀주었던 희망의 발견술"의 견지에서, 그러한 편견이 필요하다고 관찰함으로써, 그의 공식화한 편견을 정당화하는 문구를 『책임의 명법』의 끝 부분에 넣는다.

그는 이것이 "과학에 대해서는 물론이고 기술공학 그 자체에 대한 편견"을 구체화한다는 것을 부정하고 그가 말한 것에서 일면을 강조했음을 인정한다. "기술공학적 명법"은 그것이 "인간이 처한 상황에 대해 인간학적 수위와 통합에서 문제가 되지 않는 것처럼, 그가 말한 것에서 어디에서도 문제되지 않는다. 그러나 그것은 20세기의 서양에서 어떤 지지자도 필요로 하지 않는다. 즉, 열광이 대신한다. 기술공학적 충동 스스로가 그 자체를 돌보고 있다. — 그것의 약속을 통한 만큼이나 자기 창조적 필요성의 압력을 통해서 특히 과학의 진보와의 피드백 결합을 통해 각 단계의 단기적 보답을 소중히 한다. 충동이 도덕적 격려를 요구할 때가 있다 ……." 그러나 "우리들의 것은 그들 중 하나가 아니다. 과다의 위험은 최고로 된다. 이것은 그것이 대항하는 상황이 일시적인 윤리적인 강조를 필요로 한다." 그러나 그가 덧붙이길 "윤리학에서는 '~하라(thou shalt)'보다 '~하지 말라(thou shall not)'가 우위에 있다." 악으로부터의 경고는 …… 도덕적 완전함의 논란의 여지가 있는 개념과 함께 '~하라'는 긍정보다 단호하고, 보다 긴급하다. 죄악으로부터 자유를 지키는 것은 도덕적 의무들 안에 우선 나타나고, 죄악의 유혹이 더 강해질 때 더욱 그러하다. 우리의 특별한 강조점은 문명의 특별한 획기적이고 일시적인 현상과 강력한 유혹에 대한 응답이다. 현재 사태에 경의를 표함으로써, 우리의 불공평함은 아리스토텔레스의 고대의 윤리적 심의에 따른다. 즉, 과도함과 부족함의 사이에 '중용'의 덕을 추구함으로써, 우리는 성향과 환경 때문에 덜 마음에 드는 방향으로 또는 정반대 방향으로 기대려는 가능성과 싸워야 한다"(IR, 203-204).

자력으로 추진하는 기술공학적 진보 과정의 동력론에 중독된 시대에, 요나스가 그의 윤리학에서 '공포의 발견술'을 용인한 탁월함을 우리가 이해해야만 하는 것은 중용을 추구하는 데서 장점을 볼 수 있는 아리스토텔레스적 전망 안에서다. 루소 혹은 더 최근의 루드비히 클라게스(Ludwig Klages)와 모두는 아니지만 많은 녹색당의, "자연으로 돌아간" 학파를 암시하는 인간학적 환상을 나타낸 것과 거리가 먼, 그러한 입장은 세계 내 인간 존재의 기술공학적 특징에 대한 요나스의 인식에 의존한다. "자연으로 돌아간"이란 슬로건은 슬로건일 뿐인데, 왜냐 하면 특히 인간이 거주할 수 있는 자연은 문화에 의해 변화되고 개조된 자연이기 때문이다. 가장 원시적인 석기 시대의 형태로조차도 고고학자들에 의해 알려진 우리의 선사 시대의 유물 중 손도끼의 편재에 의해 증명되는 것처럼 '문화'는 항상 기술공학을 사용하고 의존해왔다.

이것은 요나스의 목적에 적절할지라도 "기술공학 시대"라는 용어가 조심스럽게 다루어져야만 한다는 것을 의미한다. 인간 아닌 자연의 기술공학적 개조는 시작부터 세계 내 존재의 인간적 형태 안에 새겨진다. '호모사피엔스(Homo sapiens)'는, 같은 의미로, 특히 본질적으로 '호모 파버(Homo faber)'다. 주어지는 목적에 합리적으로 적절한 문제인 기술공학의 사용은 인류를 다른 동물 생명의 형태로부터 근본적으로 따로 떼어놓은 것이다. 왜냐 하면 다른 동물들은 그들의 환경에 적응하거나 멸망하는 반면에, 우리는 추위로부터 우리를 보호하기 위해서 모피와 불을 최초로 사용함을 통해서든지, 모든 자연적 기후의 모든 영향이 배제된 따뜻하고 공기 정화된 거주지 안에서든지 간에, 우리는 환경을 필요 조건에 적용함에 의해 생존한다. 이러한 의미로, 우리의 시대가 기술공학적 시대라는 사상은 발견적으로 유용한 반면에, 인간 존재의 형식이라는 것에서는 다소 단순한 오해다. 인간이 존재해온 모든 시대들은 어느 정도 기술공학적이다. 우리의 것이 유일한 것은 개조 그 자체가 아니라 자연의 기술공학적 개조가 가능한 범위 안에서다. 기술공학만이 인간 생명의 연장을 가능하게 만드는 것이다. 그리고 기술공학은 그것의 발전이 그 목적에 쓰이지 않을 때만 문제시된다. 우리는 이제 이 지점에 이르렀고 그 문제에 대처해야만 한다. 비록 양자가 특수한 생명 형식이 처음부터 갖고 있는 본질적인 인간적 특성 안에 있을지라도, ─ 우리가 할 수 있고 해야만 하는 것 ─ 기술공학과 윤리학 사이의 관련을 근본적으로 개조해야 한다.

게다가 우리의 현재 상태의 특성인 기술공학적 변화의 본질적인 동력론조차 본질적으로 새롭지 않다. 인간 역사의 초기 단계에서는, 동력론은 매우 느렸으나 시간을 초월하여 속도가 빠르게 증가했으나, 오히려 오늘날 바뀌어지고 있는 것은 기술공학에 대한 우리의 의존도 아니고 그것이 갖는 변화하는 형식들도 아니다. 더구나 어떻게 그리고 언제, 주어진 기술공학이 사용되어야 하는가를 우리가 판단해야 할 필요도 없다. 우리가 고려해야 하는 중대한 변화는 도처에 있다. 이것의 결과는 과거의 기술공학적 진보의 반복된 효과에 의해 야기되었던 인간과 자연 사이에 균형 있는 변화 안에 있다. 그리고 이것의 결과는 우리 인간이 현재 이룩한 위치를 특징화하며 공포의 발견술에의 호소가 우리의 미래 생존으로 우리가 지금 지향하는 윤리적 자세를 정당화할 수 있으며, 또한 필수불가결한 부분이 된다고 하는 입장에 대한 요나스 나름의 인식을 인용할 만하다.

오늘날 "'도시'와 '자연' 사이의 경계는 제거된다. 즉, 인간이 없는 세계에 고립되어 있는 도시는 자연으로 확대되어 그 장소를 점유한다. 인공적인 것과 자연적인 것 사이의 구별은 사라지고, 자연은 인공적인 것의 영역에 삼켜져버리고, 동시에 모든 인공물

('세계'가 되게 하고 그들의 제작자를 감싸는 인간의 작품들)은 그 자신의 '본성', 즉 인간의 자유가 새로운 의미로 저항해온 필연성을 산출한다. '정의를 내버려두어라, 그러면 세계는 사라질 것이다.' — 물론 '세계'는 사라질 전체 안에서 새로이 고립되는 장소를 의미한다. 인간의 행위로 전체가 사라지는 것이 — 정당하건 부당하건 — 실제로 가능해질 때, 더 이상 동일한 것이 말해질 수 없다. 합법화될 수 없는 이유가 모든 도시가 내놓은 법률 조항이 되고 그래서 인간의 후손들이 나타나는 세계가 있게 될 것이다"(IR, 10). 이것으로부터 결과적으로, 인간들 사이의 관계의 질서에 국한된 윤리학의 영역은 결정을 내릴 수 있는 도덕적 행위자로서 계속 존재할 수 있도록 기초를 제공함으로써, 자연을 다루는 인간의 행동으로까지 확장된다.

요나스가 말한 것처럼, 이것은 새로운 공간적이고 새로운 시간적인 차원을 칸트의 도덕적 가르침에 덧붙인다. 칸트의 정언 명법은 우리가 우리 자신을 대우하는 것처럼 우리는 다른 사람을 대우해야만 한다고 우리에게 말한다. 칸트가 그것을 공식화한 것처럼 정언 명법은 명령 안에 포함되어 있다. 즉, "너의 행위의 준칙이 보편적 입법의 원칙에 맞도록 그렇게 행위하라." 그러나 오늘날의 세계의 변화된 환경 안에서, 이것은 이제 재공식화되어야 한다. 좀더 포괄적으로 다음과 같이 : "너의 행위의 결과가 순수 인간 생명의 영속에 적합하도록 그렇게 행위하라" 혹은 양자택일적으로 다음과 같이 : "당신의 현재의 선택에서 미래를 당신 의지의 대상물 중 인간의 전체성에 포함시켜라"(IR, 11). 공간적 차원에서 요구되는 확장은 물질적 조건들의 도덕 법칙, 즉 자연의 통합의 범주에 포함된다. 이것은 도덕적 인간, 즉 인간들의 존재 안에서의 지속성을 허용한다. 시간적 차원에서의 부수적인 연장은 행위의 미래 결과와 "다가올 시간에서의 인간 행위의 연속"에 대한 도덕적 고려의 언급 안에서 새롭게 포함될 수 있는 개념이다"(IR, 12).

그러므로 칸트의 명령은 본질적으로 사적이고, 다른 개인들을 다루는 데에서 원초적으로 개인에게 — 민간인의 윤리 — 초점이 맞추어지는 반면에, 요나스가 재공식화한 것은 필연적으로 총체적이고 정치적이다. 그것은 정치가들에게 초점이 맞추어져 있고, 도덕적 행위자들이 자연의 운명과 미래의 운명을 받아들일 수 있는 공공 정책의 문제들에 대해 관심을 가질 것을 요구한다. 여기서 다시 한 번 우리는 요나스의 사상에서 혁신과 회복의 특징적인 결합을 말하게 된다. 왜냐 하면 요나스는, 아리스토텔레스에게서 윤리학과 떨어져 있지 않았던 정치적 특성을, 칸트의 정언 명법의 확장 안으로 회복시켰다. 동시에 그의 사고를 아리스토텔레스적인 대의로 유지함으로써, 도덕적 성실성에 대한 고려가 인간 본성이 일부분으로 있는 일반적인 본성의 철학 내로 다시 들어오게 된다.

내가 말하고자 하는 것은, 요나스의 윤리론은 인간을 그 자체로 가치가 있는 목적으로 다루도록 하는 정언 명법의 재공식화를 구체화하는 형식에서는 칸트적인 반면에, 동료들에 대한 책임이 인간, 즉 도덕적 행위자의 지속된 생존이 의존하고 있는 자연의 관리에 대한 우리의 책임과 불가분으로 인식되는 한에는 내용적으로 아리스토텔레스적이라는 것이다. 인간적으로 지지되는 자연의 질서를 위태롭게 위협하는 전 세계적 기술공학 시대에서, 아리스토텔레스적인 사고와 일반적으로 고전적 사고의 더 넓은 윤리적 전망의 회복만이 그 시대의 요구를 충족시켜주는 데 적당하다고 고려될 수 있다.

신학적 에세이인 『가사성과 도덕성』(1996년)을 요나스가 죽은 후에 편집한 로렌스 보겔은 자신의 서론적 에세이를 "한스 요나스의 대이동"의 모음집이라 부르고, 거기서 그는 요나스의 철학을 "특히 하이데거의 유산과 20세기의 정신에 대한 가장 체계적이고 도전적인 응답 중의 하나를 제공한 것으로 묘사했다"(MM, 4). 제목과 평가는 모두 적절하다. "대이동"은 요나스의 독일에서 탈출뿐만 아니라 하이데거의 가르침에서 예시화된 탈니체적 독일 실존주의의 허무주의적 가정으로부터, 합리적인 책임의 윤리학을 구하는 본질적 구조 속에서의 생명의 현상에 대한 합리적인 형이상학적 진술에 기초한 철학적 입장으로의 요나스의 철학적 이동에 호소한다. 이러한 존재론적으로 정초된 윤리학은 옳고 그른 것에 대한 우리의 지각은 주관적인 개인적 선호의 문제가 아니라 존재의 구조 안에 내재한 것으로, 이성에 드러난 객관적 속성이라는 것을 보여주려고 한다. 우리는 의지 혹은 선택 행위에 의해 가치를 단정하지 않는다. 우리는 진화론적 산물이며, 생존할 가치가 있는 존재의 본질적인 합리성과 선함을 인식하는 생명 사태 안에 현존할 때 그 가치를 알게 된다.

요나스의 사고는 우리가 다음 장에서 다룰 신학을 포함하고 있다. 그러나 선함과 합리성의 이러한 속성들은 창조주로 상상된 초자연적 신을 믿는 의식이 아니고 이성에만 알려진 것이다. 요나스는 신학을 유익하나 전능하지 않은 신을 믿는 것은 우리가 세계의 구조를 아는 것과 그 세계 안에서의 우리의 본성과 위상을 아는 것에 적합하나, 내적으로 이성적이고 선한 것으로 세계를 인식하기 위해서 요구되지 않는다는 것을 의미하는 "이성의 사치품(a luxury of reason)"으로 묘사한다. 책임의 윤리학의 객관적 타당성은 계시의 가르침이 아니고, 요나스에 따르면 세계가 존재하는 방식의 합리적 인식이다. 그리고 보겔이 그것을 취한 것처럼 "합리적 형이상학은 믿음에 의지함이 없이 책임의 명법에 근거를 두어야만 한다"(MM, 6).

이러한 의미로 요나스는 유물론자가 아니라 철학적 자연주의자다. 그리고 그 어떤 동시대인보다 더 아리스토텔레스에 가까운 사상가다. 더 이상 그는 헤겔적인 원형 안의 역사적 관념론자가 아니다. 왜냐 하면 그의 철학에는 세계 역사의 과정이 더 합리적인 인간 존재에 이를 지배 원리의 논리적이거나 또는 변증법적 펼침으로 이해될 수 있다는 의미가 없기 때문이다. 요나스가 『생명의 현상』에서 묘사한 과정은 생명 형태의 차별화면서 우연성에 의해서 지배된 과정이다. 이성은 이해될 수 있으나 전체적 목적 혹은 합리적으로 지적인 발전 사상을 구체화하는 합리적인 과정은 아니다. 이성은 인간만의 우연한 특성이고, 인간은 지성적이나 목적이 없는 생명의 역사의 우연한 산물이다. 생명의 역사는 발전적 사건들의 연속으로서 지성적이나 이러한 사건들의 각각은 우리가 이해하는 한 우연의 산물인 돌연변이의 결과다. 이 과정에서 지성적인 것은 이러한 사건들 중 약간의 생존 가능성이 있는 존재의 형식에서 지속적인 결과를 산출해야만 하는가

하는 이유다. 비지성적인 것은 이러한 사건들 중 어떤 것이 먼저 발생해야만 하는가 하는 이유다. 이것은 이율배반적으로, 생명의 역사가 진화의 견지에서 지성적일지라도 목적을 일으키는 동안에, 내적으로 목적적이지 않은 진화 과정에는 어떤 지성적인 것도 없다고 우리가 말하는 이유다. 그럼에도 불구하고 만약 우리가 전체 목적을 이 과정에 돌린다면, 그 돌림은 경험적 인식의 작용일 수 없고, 실재에 대한 우리의 인식이 허용할지는 모르겠으나 논리적으로는 요구하지 않은 종교적 믿음의 작용일 수 있다. 이것이 요나스가 믿음의 영역으로부터 우리가 형이상학이라 부르는 유행에 뒤진 인식 형식을 포함한 인식 영역의 분리를 고집한 이유다.

그가 현재의 다른 철학자들과 다른 것은, 그가 형이상학을 믿음과 독립된 인식의 형식, 즉 경험적으로 유용한 자연의 명증성을 합리적으로 숙고하는 기능으로 간주하는 것뿐만 아니라, 그가 형이상학을 우리 시대의 딜레마 속에서 우리를 안내할 가능성이 있는 책임의 윤리학을 위한 필수불가결한 기초로서 인식한 데에 있다. 우리는 그것이 최근의 포스트모더니스트 사상의 맥락 속에서 얼마나 이상하게 보이는가를 인식하기 위해서, 그리고 시대정신에 입각해서 그것이 얼마나 멀리 사라질 수 있는가를 인식하기 위해서, 이것이 함축한 것을 고려해야만 한다. 왜냐 하면 포스트모더니스트 사고의 다양한 형식들이 분할될 수 있다고 말해질 수 있는 두 가지의 믿음들이 있다면, 그것들은 첫째로, 형이상학은 시대에 뒤떨어진 것이고, 둘째로, 윤리적 선택은 개인적 선호의 일이라는 것이다. 이들 모두는, 요나스가 우리에게 거절하게

끔 하는 믿음들이다. 로렌스 보겔처럼 동정심 많은 해석자는 "다양한 문화는 그러한 실체적인 형이상학의 부담을 가질 수 없다"는 것을 걱정해야만 하고, "만약 우리의 미래가 요나스의 숙고들에 동의하는 시민들에 의존한다면, 우리가 그 과제에 이르지 못한 것에 두려움을 느낀다 해도 조금도 이상하지 않다"(MM, 6). 그리고 요나스가 옳다면 우리가 그의 견해에 반대하기 위해 지불해야 할 대가는, 좋게는 계속되는 지성적이고 도덕적인 혼란이고 최악으로는 종족으로서의 사멸이다. 참으로 기술공학이 우리의 처분에 맡겨지는 힘들의 확장과 힘들이 사용될 수 있는 경우가 주어진다면, 두 번째의 것은 첫 번째 것보다 오히려 더 잘 실행되는 것으로 여겨진다.

이 점에서 우리는 요나스가 철학을 대단히 중요한 일로 여기고 있다는 것을 알 수 있다. 형이상학적 철학은 형이상학적으로 무의미한 것보다 더 중대한 일이다. 요나스의 형이상학처럼 신의 섭리에 의한 재보증을 피한 형이상학은 어떤 사람이나 인식할 수 있을 만큼 중요하다. 우리가 다음 장에서 보게 될 것처럼, 우리가 양자택일적 확신이나 위안을 기대할 수 있는 요나스의 신학에서는 어떤 것도 존재하지 않는다. 왜냐 하면 그의 신학은 만약 신이 인간을 창조했다면 요나스가 그가 한 것을 믿는 것처럼 신은 인간에게 인간 자신의 운명뿐만 아니라 인간이 처해 있는 세계의 운명을 선택할 것을 허용하는 힘이 부여된 자유로운 존재로 인간을 창조했다는 사상을 택하는 신학이기 때문이다. 인간이 위임된 세계와 함께 행한 것은 인간에게 그대로 남겨두고 비록 요나스가 세련되었으나 궤변적이 아닌 의미로, 『불멸성과 인간의 기질』에서(MM, 115-130) 감동적이고 설득적으로 기록했던 인간 영혼의 불멸성을 믿는다 할지라도, 현세적 삶의 이야기가 성공적으로 끝난다는 것을 상상하게끔 그를 유도하는 것은 그의 종교적 확신 안에서는 없다. 그와 정반대로, 모든 진화론적 진보가 개별적이고 집단적인 사멸의 위험에서 획득된다는 것은 단지 인간 생명의 본성에서가 아니라 생명의 본성 안에 있기 때문이다.

인간의 경우에 이론적이고 실천적인 이성을 성취한다는 것은 그 자신과 모든 다른 형태의 생명에 목적을 가져다줄 수 있는 생명 형태를 성취한다. 그러나 이와 동등하게 우주의 파괴를 가져올 수도 있는 똑같은 능력들이 생존과 복지의 상태들을 이해하는 방향으로 숙고될 때, 영원하지는 않지만 무한성을 확신할 수 있게 해준다. 그러나 이것은 인간에게 인간 생명뿐만 아니라 인간이 의존하는 자연의 통합을 포함한 책임과 신중한 보살핌의 윤리학에서 합리적인 선택을 요구한다. 이것을 보여주는 형이상학은 신의 섭리나 진보에 호소하는 것을 피한다. 완전하게 되는 것은 합리적이나 요구되지 않는다. 그것은 요나스가 거기서부터 귀납적으로 진행한, 그의 윤리학의 기본 원리를 진술한 단일하고 형이상학적으로, 순수한 문장으로 적절하게 시작한다. 즉, "인간은 책임을 떠맡을 수 있는 존재로 우리에게 알려진다." 그것에 반해 요나스는 다음과 같이 관찰한다. 즉, "우리는 이 '할 수 있다'를 단순한 경험적 사실 그 이상으로 즉시 인식한다." 우리는 그것을 인간 존재의 현저하고 결정적인 특성으로 인식한다. 그러므로 "우리는 이러한 사실에서 철학적 인간학, 즉 '인간' 존재의 존재론의 기본 원리와 그것과 함께 형이상학적 원리 — 오직 인간의 형이상학의 원리를 갖는다"(MM, 106). 이러한 겸손한 시작으로 부터 나머지 형이상학과 함께 윤리학은 뒤따라올 것으로 말해질 것이다.

요컨대 형이상학적 귀납이 어떻게 진행되는가는 다음과 같다. 즉, "우리는 인간의 이러한 존재론적 판명성 안에서 — 책임에 대한 그의 능력 — 그것의 '본질성'뿐만 아니라 '가치'를 직관적으로 인식한다. 세계 안에 이러한 가치의 출현은 단순히 다른 가치를 이미 가치 풍부한 '존재'의 전망에 덧붙이지 않고, 그것을 초월하는 어떤 것과 함께 사라져버린 모든 것을 능가한다. 이것은 '전체적으로 존재'의 귀중함의 질적인 증대, 즉 책임의 궁극적 대상을 표현한다. 그러나 그것에 의하여, 책임감 그 자체의 능력은 — 그것이 우리로 하여금 그것을 경우별로 실행하도록 우리를 속박하는 사실을 제외하고 — '세계 내에서의 그것의 현존을' 영속시키도록 우리를 속박하는 '대상'이 된다. 이러한 현존은 그러한 능력을 갖고 있는 생물체의 실존과 관련되어 있다. 그러므로 책임감 그 자체의 능력은 각각의 담지자들로 하여금 미래의 담지자들이 실존할 수 있도록 강요한다. 책임감을 세계에서 사라지지 않게 하기 위해서 — 내적인 명령 — 미래에 인간은 존재해야만 한다"(MM, 106).

그러나 이것은 첫 번째 단계다. 책임감의 현상이 지속되기 위해 요구되는 것은 책임감의 존재론적 능력을 갖고 있지 않은 인간인, 현존재 자체의 미래의 현존뿐만 아니라 그것의 의무감을 인식하는 "심리학적 개방"이다. 그리고 이것은, "신중한 추론과 그 추론에서 생겨난 힘이 생물학적 주체와 함께 생존한다 할지라도 총체적으로 잃을 수 있는 역사적으로 획득된 견고하지 못한 소유다"(MM, 106). 이것은 논의에 문화적 차원을 도입한다. 왜냐 하면 알도스 헉스리(Aldous Huxley)의 『놀라운 신세계(*Brave New World*)』와 스키너(B. F. Skinner)의 『자유와 존엄을 넘어서(*Beyond Freedom and Dignity*)』에서 말한 것처럼, 그러한 의무의 의식이 제거된 현존재를 인식하는 것은 가능하기 때문이다. 최소한 스키너(Skinner)의 경우에 이것은 이익으로 간주될 것이고, 그래서 설득적이라 할지라도 책임감 있게 행위 하려는 성향에 대한 논의는 최소한 토론될 것 — 가치 있는 판단의 대상 — 으로 남아 있다. 그리고 비록 설득적이라 할지라도, 요나스가 진행한 논의가 결론적 명증성에 이르지 못하고 있는 것이다. 그리고 여기서 우리는 인간의 책임감에 대한 논의로부터 생명체의 보편적 특성인 신진대사의 과정 안에 미리 암시되고 미리 예견된 존재의 보존으로의 생명의 본질적 지향에 대한 요나스의 진술을 언급해야만 한다. 내가 제시했듯이, 이것은 유기체 철학과 요나스의 존재론적으로 기초된 윤리학과 그리고 그의 사고의 완전한 통일과 합리적 정합성 사이의 계속성을 그 어떤 것보다도 잠재적으로 더 많이 입증한다.

1974년에 철학적 에세이 선집 안에 모아진 생물학적 공학에 관한 에세이에서(PE, 141-167), 요나스는 에세이가 쓰여졌을 때 희미하게 예견된 가능성이었던 인간 복제의 영역에까지 인간공학적 행위의 확장을 포함하는 윤리적 문제들에 몰두한다. 오늘날 우리는 그러한 일이 일으킨 이슈를 그가 인식했던 예언적 명료성에 의해 자극을 받지 않고, 그가 그것의 추구에 대해 경고한 감정적이나 합리적인 힘과 분별력 있는 지성에 의해 자극 받지 않고 그 에세이를 읽는 것은 불가능하다.

그것이 설득력이 있을 만큼 과학적으로 정통한, 그러나 그 자체로 한 개의 장(chapter)을 요구하는 그의 논의를 요약하려 하기보다는 오히려 나는 과학의 시대에 들리길 요구하는 철학적 이성에 대한 요나스의 공헌을 다른 어떤 것보다는 더 주제별로 예시화한 글로, 그가 말하고자 하는 것의 마지막 문단을 인용함으로써 윤리학과 기술공학에 대한 이 장을 마치려고 한다. 즉, "우리는 인간과 관계되는 일들과 그 일들에 대한 가능한 이야기의 한계에서 약간의 과장 해석을 제안한다. 비실재의 실체가 없는 의미는 독자들과 의사 소통해야 한다고 나는 생각한다. 그러나 그는 담화를 불필요한 것으로 여기는 잘못을 저지른다. 우리가 장차 중대한 결과를 가져올 발판, 즉 순수 과학을 인식하지 못한 시작을 한 것은 위험한 일이다. 이러한 어정쩡한 경우를 논의하는 데에 나는 인간이 만든 인체 모형의 사상에서 내가 느꼈던 형이상학적 전율을 억누르려고 해왔다. 고어(古語)로 그것을 지금 말하자면 인간 변종의 생산은 혐오스럽다. 목록에 들어간 인간 동물 잡종에 대한 형언하기 어려운 사고는 말할 것도 없다. 성스러움의 형이상학과 범주에 가까이 가지 않음으로 이 주제는 다루기가 쉽지 않은데, 나는 결국에 생물학적 조절의 모든 영역을 언급함으로써 도덕적 숙고의 명료함에 호소한다. 즉, 의무 없는 행위는 다른 사람에게 행해질 때 옳지 않다. 모든 인간 생물학적 조작에서 부정적인 것과 다른 도덕적 갈등은 …… 이러하다. 창조주에 대한 자손의 원리는 그 행위에 대답할 어떤 응답자도 어떤 구제책도 가질 수 없다. 여기에 가해자의 완전한 면책이 있는, 범죄의 영역이 있다. 이것은, 인간에게 생물학적 조절의 힘을 적용할 때 양심과 감수성을 끌어내야만 한다. 그리고 매우 많은 것이 수반된다 할지라도, 그 경우의 단순한 윤리학들은 처음부터 …… 인간 유전자형으로 직접적인 간섭을 배제하기에 충분하다. 즉, 그것이 현대인의 성향에는 맞지 않지만 실험적 연구의 원천이다"(PE, 166-167).

제 6 장
신학적 전망

중세에 신학은 "학문의 여왕"으로 묘사되었다. 오늘날 신학은 기껏해야 누군가에 의해 존경받고 숭배를 받으나 학문적 인식의 영역에 대한 지배력을 빼앗긴 입헌 군주다. 한스 요나스는 형이상학적으로 신학적 입헌주의의 이론가다. 그의 가장 흥미로운 사상들 중 몇몇은 신학에 관한 그의 저술들에서 발견된다. 그리고 다른 분야에서의 그의 사상들처럼 그의 신학적 추론들은 존재에 관한 단일하고 일관성 있는 통찰력의 전체적인 면을 형성한다. 그러나 그 신학적 추론들은 그의 자연철학을 통제하지 못하고 우주 안에서의 인간 본성과 위상에 대한 그의 형이상학적 개요를 알리는 학문 내용을 결정하지도 못한다. 칸트를 따라, 요나스는 신학을 "이성의 사치품"이라 묘사한다. 그리고 그는 우리가 보아온 것처럼, 생활 세계와 인간의 계속적 실존을 "그것의 근원과 관련된 어떤 명제"와 떨어져서 추론하는 것이 가능한 선(善)한 것으로 판단하는 자연적 형이상학 안에다 그의 책임의 명법을 근거지운다"(IR, 48).

　라이프니츠(Leibniz)에 따르면 형이상학의 첫 번째 질문은 "왜 아무것도 없는가보다 어떤 것이 있는가?"다. 요나스가 제기한 응답은, 그것은 신의 창조에 대한 믿음을 언급하는 것과 독립되어 있을 뿐만 아니라 그의 견해에서 다음과 같은 질문을 언제나 요구하는 신학적 용어로 응답하려는 시도에 대해서도 적대적이라는 것이다. 즉, "여기서 질문된 '왜'는 선행하는 원인을 목표로 할 수 없다. 그것은 ― 그 자체로 존재하는 사물들에 속하는 ― 존재의 영역 '안에서'만 그리고 그 안에서의 부분들 그리고 사태에 대한 진술로만 찾아질 수 있다. 그러나 사물의 전체성 혹은 존재한다는 그 자체와 관련 맺을 때의 모순에서는 결코 찾아질 수 없다. 이러한 사태의 논리적 상태는 창조설에 의해 변경되지 않고, 그것은 신성한 원인이 되는 행위로 세계 전체에 대한 신(神) 자신의 존재에서의 이러한 퇴보된 질문을 회복시키기 위해 응답을 제공한다"(IR, 47). 그리고 이것은 아우슈비츠(Auschwitz)와 굴라그(Gulag. 옛 소련의 정치범 강제 수용소 : 역자 주]의 시기에서 믿기에 가장 어렵고 존재론적으로 고통스러운 것이다. 보겔이 그것을 제시한 것처럼, 요나스의 입장은 "만약 합리적인 형이상학이 그 자체로 불충분하다면, 창조자에 대한 어떤 호소도 허무주의자를 만족시킬 수 없다는 것이다. 왜냐 하면 만약 생명이 신에 대한 언급 없이 훌륭하게 보여줄 수 있다면, 신이 존재하는 것은 윤리학에 불필요하다. 그러나 만약 생명이 신에 대한 언급 없이도 훌륭하게 보일 수 없다면, 선의의 창조자에 대한 언급은 생명의 무가치함에 대한 우리의 경험에 실속 없는 위안을 제공할 뿐이다"(MM, 20). 신성한 창조에 호소하는 형이상학과 형이상학적으로 근거된 윤리학은, 그노시스 연구의 초기부터 요나스의 철학이 만나려고 했던 난제인 허무주의의 난제를 극복할 수 없다.

그때 요나스의 신학적 저술들은 그의 저서의 전집 안의 어디에 속하는가? 대답은 그의 형이상학과의 연속성에 있지 않고, 그의 철학적 인간학에서 도구, 그림, 무덤의 세 가지의 자기 초월적 차원의 견지에서, 인간 존재에 대한 그의 진술과 그들이 야기할 뿐만 아니라 논리적으로 요구하는 숙고들에 있다. 여기서 세계와 인간의 상호 작용의 이러한 형태의 각각에 관해 요나스가 말한 것을 회상해보자. "도구, 그림, 무덤은 인간이 유일하게 인간 식으로 인간 그리고 인간과 유사한 동물에 주어진 절대적인 것에 응답하고 그것을 초월한 기본 형태들이다. 도구로, 인간은 발명을 통해 물리적 필요를 능가하고, 그림으로 표현과 상상을 통해 수동적 지각을 능가하고, 무덤으로 믿음과 신성을 통해 피할 수 없는 죽음을 능가한다. 도구, 그림과 무덤에 의해 원시적으로 미리 암시된 물리학, 예술, 형이상학은 역사의 우연성에 나타나거나 나타나는 않는 이러한 명명들에 의해 알려진 최종적 산물에 따라서 명명되기보다는(PE, 252-253) 가능성의 차원으로, 각각의 세계와 인간과의 관련성의 원초적인 차원들을 지시함에 따라서 명명되었다." 신에 대한 믿음은 논리적 요구가 아니며 더구나 형이상학의 전제 조건이 아니고 사변적 가능성인데, 그것의 확신은 믿음의 행위에 의해서만 주어질 수 있다. 자연적 형이상학은 그러한 믿음과 조화되나 형이상학도 믿음도 대접받기 위해 다른 어떤 것도 요구하지 않는다.

실제로 요나스의 신학적 대담자인 불트만이 제시한 것처럼 하나를 지속적으로 받아들인다는 것은 언뜻 보기에는 다른 것을 배제하는 것으로 보인다. 왜냐 하면, 내면적 인과 관계의 견지에서 형이상학은 세계에 대한 진술에 의존하는 반면, 18세기 이신론의 신성한 비인간적인 시계 제조업자를 넘어선 그 어떠한 신에 대한 믿음은 예수 그리스도의 육화된 신성에 대한 불트만 자신의 기독교적 믿음에 의해 요구되는 것처럼 인과적 고리로 기적적이고 초자연적인 중재에 대한 언급을 포함한다. 그리고 거기에 불트만이 말한 것처럼 "신의 행위를 위해 어떠한 남겨진 여지도 없다." 비현세적이고 초월적인 행위로 생각되어야 하고, 현세적 행위들 '사이에서' 일어나지 않고 그 '안에서' 숨겨진 어떤 것으로 나타나는(PE, 155) 신의 행위는 요나스에게는 불트만이 칸트로부터 물려받은 "현세적인 인과 관계의 견고함과 엄격함의 과장된 개념"에 의존하는, 합리적으로 인식되지 않고 철학적으로 불필요한 것으로 여겨진다(PE, 156). 이것에 대한 요나스의 응답은 "자연 법칙들이 중립적 출발 상태와 양립할 수 있다는 것을 보여주는 것은 철학에 달려 있다. 신으로부터 출발하여 더 진행하면서 몇 가지 방향성을 갖으며 그러한 방향성은 불변성의 법칙에 따르고 있다. 그 불변성의 정도는 다르다 할지라도"(PE, 157).

　　요나스 자신의 믿음에서의 심리적이나 생태학적 동기가 아닌 형이상학적 기회는, 그러한 자연의 모델은 "과학(과학적 형이상학이 아니라)이 우리에게 자연에 대해 말하는 모든 것의 보존으로 구성될 수 있다"는 그의 확신에 의해 제공된다는 것이다(PE 157). 동기에서, 그것은 그의 어머니가 매우 많은 사람들과 함께 죽었던 아우슈비츠의 증명에도 불구하고, 전통 신학보다 덜 전능한 사람이 우리에게 상상하도록 할지라도 심지어 한사람의 유대인은 선한 창조자인 하나님을 계속적으로 믿을 수 있다는 요나스의 변함 없는 확신에 의존한다.

요나스가 그것을 있는 그대로 인정했음에도 불구하고, 일시적이고 사변적인 신학에 대해 매우 감동적이면서 직관적으로 설득적인 어떤 것이 있다. 많은 에세이에서 종교적 믿음인 "이성의 사치품"이 탐닉될 수 있는 요나스의 생애에서 그 표현이 나오는 것은 신학에서다. 이것들 중 두개의 가장 유명한 것은 1984년의 강연인 "아우슈비츠 이후의 신 개념: 한 유대인의 소리"(MM, 131-143)와 더 확장된 연구인 1988년에 나온 "물질, 정신 그리고 창조: 우주적 증명과 우주적 사변"(MM, 165-197)이다. 요나스가 의기양양하게 되돌아간, 전후 독일에서 얻은 그의 대중성과 명성에 의해 이 두 개의 에세이가 사람들의 관심을 불러일으켰다는 사실에, 시적 정의의 요소가 아니라 어떤 아이러니가 있다. 왜냐 하면 전자는 튀빙겐대학에서 레오폴드 루카치상을 받은 강연으로 알려졌고, 후자는 하노버에서 개최되었고 스티프퉁 니더작센(Stiftung Niedersachsen)에 의해 후원된 "정신과 자연(Mind and Natur)"이라는 제목의 국제회의에 기여함으로써 알려지게 되었다.

이렇게 애써 얻은 우연성 안에서 세계의 역사가 우리가 그것이 그러리라고 알고 있는 것보다 더 합리적이거나 더 정의롭다고 가정할 만한 이유를 알게 된다면, 그것은 요나스 저서의 반섭리주의자적 정신에 완전히 반대될 것이다. 살해된 사람들의 무지의

외침과 죄인들 — 죽은 사람들, 현재 살아 있는 사람들, 미래의
사람들 — 의 처벌되지 않는 범죄는, 그 어떠한 믿음도 가질 수
있는 자기 기만적 허영심을 증명해주는 것이다. 동시에 일의 과
정이 헤겔, 마르크스, 타일하드 드 샤르댕이 상상했던 추론 과정
이 상승을 지향하는 이야기와는 다른 어떤 것인 반면에, 거기에
서 죽은 사람들은 창발적 의미의 무자비하고 사정없는 진행의
우연한 희생자들인데, 그것은 같은 의미로, "없는 것을 나타내는
소리와 격분의 이야기"보다 더 많은 어떤 것이다라는 고려 없이
요나스의 삶과 저서를 숙고한다는 것은 불가능하다. 결국에 우리
들 이전에 셀 수 없는 종들이 있어왔던 것처럼, 사멸이 우리의
운명이라면 이것은 우리가 그것의 과정에 영향을 주는 기회를
갖지 못했기 때문이 아닐 것이다.

『가사성과 도덕성』의 서론적 에세이에서 로렌스 보겔은 요나
스의 신학을, 20세기 유대 역사를 분명하게 나타내주는 사건으로
서의 홀로코스트(Holocaust)의 경험에 의해 잊을 수 없게 기록된
현대 유대 신학의 맥락에 놓는다(MM, 30-35). 요나스 삶에 미친
영향과 유럽 유대인을 대량 살상한 나치에 의해 제기된 선한 창
조자에 대한 끊임없는 유대인의 믿음에 대한 난제의 견지에서,
요나스의 신학적 저술들에서 이러한 특성들을 무시하는 것은 불
가능하다. 그리고 나는 이 장의 뒷부분에서 그것에 대해 어떤
것을 말할 것이다. 그럼에도 불구하고, 요나스의 신학을 홀로코
스트 사건에 대한 한 명의 유대 사상가의 응답으로 본다면 잘못
이다. 그럼에도 불구하고 요나스의 생물학적으로 정초된 철학적
인간학과 그의 신학적 저술들 사이의 연속성에 대한 나의 언급이

제시하려는 것처럼 유대인으로서의 요나스의 정체성과 철학자로서의 그의 사명의 관계는 그러한 특성이 나타내고 있는 것보다 더 복잡하고 더 일반적으로 중요하다. 이것에 의해, 나는 비록 그의 신학에 의해 택해진 특별한 형식 및 특히 그가 세상에서 일어나고 있는 일들에서 신성한 행위의 본질적 한계로서 보았던 것에 대한 논의가 그 시대의 사건들에 대한 그의 숙고에 의해 기록된 것일지라도, 우리가 그것들을 유대인만큼 기독교의 많은 신학자들이 제2차 세계대전이 끝난 이후 홀린 듯이 참가한 다양한 종류의 후기-홀로코스트 신학으로 볼지 어떨지를 가정하는 것보다 그의 신학적 저술들에 더 많은 것이 있다.

계속해서 나는 요나스의 신학이 유태교나 기독교의 종교적 정통성의 가르침과 어느 정도 일치하는가를 판단하려고 하지 않을 것이다. 그것은 다른 사람들이 결정해야 할 문제다. 현재의 맥락에서 볼 때 더 중요한 것은 그의 신학적 저술들의 전망과 그의 저서에서의 명증적인 중심성이 20세기 역사적 사건들 이전에 철학의 지적 유산의 일부를 형성해왔으며 유태교나 기독교의 출현을 넘어 고대 그리스인들의 여러 숙고들 가운데서 서양철학의 기원이 될 수 있는, 유럽인들의 사상의 주제들과 연속성을 갖는지를 지적하는 것이다.

『신과 철학(*God and Philosophy*)』(1941년)이라는 그의 매우 독창적인 책에서, 에틴느 질송(Etienne Gilson)은 형이상학인 우주에서의 인간의 본성과 위상에 대한 합리적인 숙고가 신학적 이슈들과 특징적으로 신학과 형이상학 사이의 관련성이 고대 그리스 중세 기독교, 근대 후기-데카르트 철학에서 현대까지 이어지는 것으로 인식되는 다른 방식들에 개방되어 왔던 방식들 모두를 명료하게 도표를 만들었다. 내가 현대 철학과 회복의 철학으로 요나스의 사고를 특성화하는 것을 유지하는 데에서 나는 우리가 그의 저서들을 그 시대의 사건에 의해 조건화된 것으로 보는 것이 아니라, 본질적으로 신학적 차원을 내포하는 세계 안에서의 인간 존재에 대한 완전한 이해를 발전시키는 그의 결정을 구체화하는 것으로 볼 때, 우리가 그의 신학적 저술의 커다란 중요성을 파악하게 될 것이라고 나는 믿는다. 동시에 신토마스주의자인 질송에 의해 주장된 기독교의 입장과 다르게, 형이상학적 추론과 숙고의 범주에 대한 요나스의 이해는, 신을 믿음이 형이상학의 절박한 사정에 의해 암시하거나 요구된다는 주장을 견지하지 못한다는 것이다. 실제로 그의 가르침 중 가장 매력적인 특성의 하나는, 그러한 믿음이 우리가 존재의 구조에 대해 아는 것과 일치한다고 주장되는 반면에, 신학인 "이성의 사치품" — 믿음의 충분한 요구 — 은 그것이 지성적이라고 고려된다면, 그 존재론적 구조가 내포하는 것에 대한 형이상학적 이해와는 완전히 구별된다고 그가 주장하는 것이다.

현대 신학의 맥락에서 요나스의 위상은 질송처럼 합리적인 존재의 형이상학이 종교적 믿음의 수행을 포함한다고 주장하는 사람들의 위상과 불트만이나 더 급진적인 칼 바르트(Karl Barth)처럼 형이상학과 믿음을 어울리지 않고 심지어 본질적으로 반대되는 정신의 개입으로 보는 신학자들의 위상과 같다. 실제로 요나스 신학의 언어는 "가사성과 현대 기질"에서 내가 "'참'이라고 믿고 싶은 불확실한 신화"(PL, 278)라고 그가 명명한 것의 필요성과 소망에 대한 바람과 함께 20세기 사상에서 그 외에 어떤 다른 것도 상기시키지 않는다. 오히려 그것은 아리스토텔레스에게서 플라톤의 사상과 파스칼 사상의 암시인 믿음에 대한 그의 필연적 노름이 내포하고 있는 파란을 일으킬 만한 특성인 그러한 신화, 그럼에도 불구하고 그러한 신화가 당연하고 참인 그러한 신화에 의존하고 있음을 상기시킨다. 요나스 신학이 플라톤의 신화나 파스칼의 노름과 다른 것은 그러한 신학과 그것이 내포하는 종교적 믿음의 가능성을 받아들인다는 것이 우연하고 실질적 과정의 견지에서만 실재를 인식하는 자연과학의 신의 존재를 인정하지 않는 발견에 의해 알려진 세계의 본성을 이해하는 것과 일치한다는 것을 보여주려는 것에 있다. "아우슈비츠 이후의 신의 개념"과 "물질, 정신 그리고 창조"에서, 요나스는 그러한 신학은 본질적으로 일관성이 있을 뿐만 아니라 그것은 신의 섭리에서 위안을 얻지 못한 장기간에 걸친 역사의 도전 및 현대 자연물리학이라는 가장 확실한 증거와 융화될 수 있음을 주장한다.

20세기의 주요한 철학자들 중에는 오직 에릭 뵈겔린만이 필적할 만한 위상으로 어떤 것을 주장했으나, 요나스와 비교할 때 그가 "묵상"이라 부른 본질적인 과정론에 대한 그의 진술과 플라톤이 합리적이면서 설득적인 "참된 신화"라는 개념으로 사용했었을지도 모르는 것에 대한 그의 해설은 플라톤적 신화를 연상케 하는 언어로 표현되었고, 또한 많은 방식으로 요나스가 하는 유사한 일의 현저한 특징인 최근의 자연(역사와 반대되는 것으로) 과학의 증거에 대한 체계적 언급을 피하고 있다. 이것은 뵈겔린의 철학에서 장점이자 단점이다. 그의 철학은 요나스의 철학과 비교해서 수사학적 일관성으로, 그의 신학적으로 정통한 인간학을 현대 과학의 세계관으로부터 추상화한 것처럼 보임으로써 그의 철학이 잃었던 것을 얻는다.

공교롭게 이런 인지된 손실은 실제적이라기보다는 피상적이다. 그러나 19세기의 선구자인 헤겔과 셸링의 철학이나 자연과학이 함축하고 있는 것과 불일치하는 그와 동시대의 하이데거의 "존재의 역사"와 반대되는 것으로서의 "펼침의 과정에서의 신비함"으로서의 뵈겔린의 역사철학 안에 아무것도 들어 있지 않다 할지라도, 뵈겔린이 습관적으로 사용하고 있는 것보다 더 오래된 철학적 관용어에 젖어 있는 독자들은 매우 쉽게, 바로 이러한 중요한 점을 놓칠 수 있다. 경험적으로 기초된 자연학과 인간학이 의미하는 것 안에서 모든 신학적 언급을 믿지 않는 실증주의의 이야기에 의해 조절된 지적인 환경에서, 적어도 이것은 요나스가 회피한 수사학적 손해다. 만약 요나스가 이것을 피함으로써 지불한 대가가 하이데거만큼은 아닐지라도 아리스토텔레스에게서 물려받은, 뵈겔린이 자연주의적이고 운명적으로 인간 중심적인 것으로 간주한 형이상학적 전통의 철학적으로 친근한 언어에의 의존이라면 그 대가는 지불할 가치가 있는 것이다.

실제로 하이데거와 뵈겔린과 구별되는 요나스 철학의 명확한 특징이 있다면, 철학에 세계 내 인간 존재에 대한 전체적이고 포괄적인 진술로 과학적 인식과 신학적 숙고의 추상적인 영역을 통합하는 수단을 제공할 수 있는 것은 자연적 형이상학의 언어라는 낡았으나 필수적인 확신이다. 이것은 많은 현대 사상가들과 교제함에 있어, 뵈겔린과 하이데거가 그것의 사변적이고 잠정적인 특징, 즉 지적할 수 있는 학문 분야로서의 형이상학의 내적인 단점을 요나스가 인식하지 못했다고 말하는 것은 아니다. 오히려 그의 입장은 이러한 한계에도 불구하고 형이상학의 언어는 우리가 현재 갖고 있는 또는 우리가 궁극적으로 신비한 세계의 변함없는 외형을 합리적으로 명료하게 표명하고자 할 때 얻을 수 있는 최상의 것이라는 견지를 취한다.

　슬프게도 나는 이러한 견해가 얼마나 그릇되게 낡은 것인지를 너무나 잘 인식하고 있다. 나는 일찍이 현재의 학문적 상황을 학설에 따른 학문 영역의 구별과 그에 따라 각기 다른 분야에 있는 연구자들 사이에 대화가 이루어지지 않는 것으로 특징화되어버린 소위 "학문의 엔트로피"라고 말했었다. 그러나 요나스는 이러한 상황에서 예외적 인물이었다. 왜냐 하면 고대의 종교적 신조의 역사와 생물학 분야에서의 오늘날의 여러 발전들이 안고 있는 윤리적 문제에 대한 함축들만큼이나 표면적으로 다양한 영역들에 대한 연구를 다루고 있는 그의 저서들뿐만 아니라, 그가 묘사한 각각의 종교들로부터 그가 끌어낸 교리들을 통합하고자 하는 그의 분명한 야망 때문이다. 이러한 야망은 하나의 탐구 분야의 결론들이 다소간 임의적으로 또 다른 영역으로 교환되는 아마추어적 절충주의의 징표로서 종결지어지지 않는다. 오히려 그것은 세계 내에서의 인간의 존재에 대한 좀더 합리적이며 윤리적으로 책임 있는 철학적 진술을 요나스 당대에 명확히 하고자 하여, 하이데거의 실존주의의 허무주의적 함축으로서 요나스가 본 것에 대한 요나스 자신의 인식에 뿌리를 둔 단일한 노력을 반영하고 있다. 어떤 의미에서는 요나스가 기록한 모든 것은 실제로 실존적 노선에 따른 하이데거 철학의 재공식화에 대한 타당한 통찰력이 아니라, 결국 무자비하게 그의 첫 번째 조언자가 그린 형이상학적으로 숙명적이고 도덕적으로 치명적인 결론들을 피하려는 지속적인 시도에 의해 기록되었다는 것이다.

조지 슈타이너는 오늘날의 철학적 상황에서의 이른바 "하이데거의 존재" — "우리 시대의 유일한 위대한 사상가는 하이데거뿐이다"라는 단지 레오 스트라우스의 문화적으로 예리한 관찰에 의해서가 아니라, 하이데거가 형이상학이나 신학을 통하여 인간 존재와 운명에 대한 전반적인 진술을 하기 위해서 그 이전의 모든 시도들을 시대에 뒤떨어진 것들로 만들어왔다는 가정을 공유하고 있는 포스트모더니스트 철학자들의 과장에 의해서 증명된 존재 — 에 대해 말해왔다. 그리고 이것만이 우리를 요나스가 말했던 것에 관심을 갖도록 만든다. 게다가 요나스의 철학은 하이데거에 반대해서, 형이상학적 고찰의 정당성을 체계적으로 입증하는 강력한 논의에 의해서만이 아니라, 현대 과학의 인식적 함축에 주의하는 것과 하이데거와 그의 제자들의 헛소리와 멀리 떨어진 지적 스타일을 암시하는 것에 의해 특징화한다. 이러한 특성들이 그것을 더 적절하게 만든다. 덧붙여서 우리가, 이러한 철학이 신의 존재 증명에 이르는 것이 아니라 하더라도, 최소한 종교적 믿음의 합리적 가능성의 의미에 이른다는 것을 고려할 때, 우리는 현대의 사악한 행위라는 기적 때문에 그것이 잘 알려지지 않는다고 생각한다.

요나스 사고의 이러한 모든 특성들은 그의 에세이인 『물질, 정신 그리고 창조』에서 예증화된다(MM, 165-197). 그 책은 1988

년에 나왔는데, 간결함에도 불구하고 『책임의 명법』보다도 그의 생애의 저서의 더 궁극적인 달성이라 고려된다. 그 에세이는 그의 철학의 신학적 차원을 명료하게 표현하지 않는다. 그것은 생명철학 — 철학적 생물학 — 그 이상의 배경에 반대해서, 인간 존재에 대한 그의 인식을 정초시킨다. 그것은 불활성 물질의 보편적 속성들 — 물리철학 — 을 인식하는 우주론을 받아들인다.

이전에 이 책의 많은 부분에서, 나는 요나스 저서와 아리스토텔레스의 생물학적으로 정통한 철학 사이의 평행에 주의를 환기시켜왔다. 『물질, 정신 그리고 창조』를 읽으면, 우리는 요나스 철학과 서양 사상의 모험을 시작했던 소크라테스 이전의 철학자들의 사상 사이의 놀랄 만한 평행에 의해 감명을 받는다. 왜냐하면 실제 의미로는 20세기 후반에 요나스는 추측된 가르침이 아니라, 탈레스가 첫째로 모든 것이 발생하고 그것이 되돌아간 세계의 궁극적인 물리적 구성은 물이고, 둘째로 "모든 사물들은 신으로 가득 차 있다"고 믿었다는 것을 우리가 아리스토텔레스로부터 알게 된, 서양의 첫 번째로 기록된 사상가인 탈레스의 백과사전적 야망을 그의 사상의 범주 안에서 재개하기 때문이다.

탈레스가 이러한 관찰들에 의해 의미해왔던 것은 학적으로 계속된 논쟁사인데, 그것은 우리가 여기서 관여할 바가 아니다. 현재의 맥락에서 더 중요한 것은 우리의 현재 학과적 분류의 견지에서 관찰했을 때, 그의 첫 번째 가정은 물리학의 영역에 속하고, 그 두 번째 가정은 신학에 속한다는 것이다. 그리고 양자는 표면적으로 아리스토텔레스 같은, 더 개념적으로 차별화된 사상가가 전형적으로 간주할 수 있었던 실재에 대한 철학적 진술의 부분을 형성했다. 운 좋게 요나스의 경우에 탈레스의 저서로부터 우리에게 남겨진 두 개의 단편적인 언급보다도 더 실질적인 것들을 얻게 된다. 그러나『물질, 정신 그리고 창조』에 대해 강조하는 것은 요나스의 현대 물리학도 그의 일신론자적 신학도 탈레스의 것이 아니며, 그는 물리적 우주의 기본적 구성 요소에 대한 진술과 사물의 도식 안의 신의 존재에 대한 학설 모두를 포함하는 철학적 숙고의 범주에 대한 개념을 철학의 첫 번째 거장과 공유한다. 요나스에게 양자는 인간의 세속적 존재에 대한 존재론적으로 완전한 이론의 본질적 구성 요소로 여겨지고, 하이데거에게 양자는 그들의 부재에서 주목할 만하다.

이것에도 불구하고, 만약 우리가『물질, 정신 그리고 창조』를 이끄는 적절한 논의의 강력한 힘을 파악하고자 한다면 — 특별히 실존적 노선을 따르는 하이데거의 철학의 재공식화를 내가 명명해온 것을 — 우리는 하이데거에 의존해야한다고 나는 믿는다. 하이데거가 그 시대의 가정 영향력 있는 사상가가 아니라 아마도 그의 또는 그 어느 시대에서도 철학의 가장 위대한 스승이라는 점은 그것이 종종 바뀌기도 하지만 개인적 증명으로부터 뿐만 아니라 그들의 가장 최선의 것이 산출한 독립적인 작업의 범주와 독창성에서 하이데거의 옛날의 제자의 수와 질에서 분명하다. 우리가 약간은 하이데거 자신으로부터 나왔고, 대부분은 다소 정당하게 그의 믿을 만한 해석자와 추종자라고 주장하는 사람들로부터 나온 오늘날 많으나 읽혀지지 않는 교재에 직면했을 때, 그것은 너무나 쉬워 최근 철학적 저술의 스타일과 내용에 끼친 그의 유산의 극악한 효과에 대해서는 슬퍼하지 않는다. 그러나 이것은 동전의 더 중요한 다른 면을 잊는 것이다. — 그의 저서의 가장 좋은 점은 우리로 하여금 전통적인 학문이 철학의 역사가 구성하는 연구 논문 보존의 고행의 과정에 넘겨주었던 이슈들이나 저자들을 재검토하기를 요구하는 정도까지다.

우리들 중 누군가가 서양철학의 위대한 불후의 저서와 좀 뒤떨어진 저술들이 페미니스트와 다원문화주의자가 비난한 것처럼 많은 과대평가된 "죽은 백인 남자들"로서 남겨진 파편 그 이상의 어떤 것이라고 인식한다면, 그것은 우리가 부분적으로 하이데거의 저서들의 생생한 영향과 이러한 저술들의 오해에서 온 것이다. 철학적 전통의 사상가들과 사상들에 대한 그의 해석 중 가장 터무니없고 부자연스러운 것은, 그 자신의 것처럼, 그들의 사상이 언젠가는 죽는 존재라는 연약하고 궁극적으로는 치명적인 사실 속에서 지성적 질서를 찾으려는 원초적인 인간적 필요(인간의 요구)에 뿌리박혀 있다는 관대한 확신에 의해 고무된다. 그것이 젊은 시절의 독일 대학들의 뛰어났던 고결한 신칸트 사상가들의 저서를 가치 손상시킨 하이데거처럼, 우리의 대학 강단에서 존경받는 사람들 중 약간의 사람들의 실행을 기록한 — 논리만을 위해 — 언어적 기술을 가진 건조한 학문과 강박 관념으로부터 제거될 수 있는 것은 아무것도 없다. 그러한 철학은 좋다. 그러나 그것은 하이데거 자신과 그 제자들이 물었던 — 궁극적이고 회피할 수 없는 죽음의 지평에 대항해서 스스로의 선택 또는 회피의 연속 속에서 살고 있고, 살았던 — 우리 삶의 긴급하면서도 가장 개인적인 관심사에 대해 무엇을 말해주는가?

프라이부르그대학의 나치 총장과 히틀러의 새로운 질서의 —

로젠베르그(Rosenberg), 보임러(Bäumler)와 크리크(Krieck) 같은, 적지만 정치적으로는 더 교활한 인물들이 그가 결코 성취하지 못했으리라고 결정했던 익살스러운 과장과 슬픈 야망 — 철학적 집행자로서의 짧은 기간을 제외하고는 하이데거는 그의 제자들에게 자기의 응답을 위로부터의 명령으로 맹목적으로 받아들이도록 가르치지 않았다. 게다가 그는 그 자신이 제기했던 문제들을 책들 속에서 이해하도록 했는데, 이러한 것들은 그가 설명했던 책에서 그가 발견했다고 믿었고, 또한 그가 발견한 것들이다. 이보다는 오히려 하이데거는 그들을 학문적 탐구에 적합한 역사적 신기함으로서가 아니고, 추상적으로 생각되는 것이 아닌 철학자의 삶의 모험의 부분으로서 구체적으로 살았던 불가사의한 존재의 차원에서는 본질적인 일들로서, 이러한 문제들을 새롭게 보도록 가르치려고 — 요나스, 한스 게오르그 가다머 그리고 레오 스트라우스같이 뛰어난 학생들의 저서를 증거로 해서 판단하려고 성공적으로 — 노력했다. 이것은 공손한 하이데거 해석학자들이 종종 잃어버리는 것이다.

하이데거의 가장 좋은 제자들과 그가 가장 존경했을 사람들은 — 그리고 가다머는 여기서 이러한 점에서 본보기다 — 비록 그것이 성서인 것처럼 그의 가르침을 되풀이하는 사람이 아니라 그들이 얻은 답이 하이데거의 답과 다를지라도, 그들 마음 속에 각인되어 있는 그들 자신만의 정당한 문제를 재숙고하는 사람들이다. 하이데거는 어떤 의미에서 정치적 자유주의자가 아니었다. 그러나 그는 인간 사고와 존재의 근본적인 이슈들이 어디에서, 어떻게 문제시되고 다시 생각되는가를 그의 제자들에게 가르치는 것이 커다란 교육적 목표였던 자유로운 교육자로서의 자신에 대해 자부심을 갖고 있었다. 이 점에서 요나스는 문학 석사를 취득했고 『존재와 시간』의 심오한 저력과 계속된 영향 속에서 선보인 세계 내 인간 존재의 문제에 대한 그만의 매우 다른 응답을 끊임없이 추구하였다.

이러한 교육자로서의 하이데거의 역할에 대한 여담이 요나스 신학에 대한 이 장의 맥락에서 볼 때 본제에서 빗나간 것 같다면, 이것은 요나스 신학에 대한 오해가 아니라 그것이 전체 부분을 형성하는 그의 전체 저서에 대한 오해다. 왜냐 하면 그 저서는 그의 실존주의자로의 거작인 『존재와 시간』의 주제인 세계-내-거기의-인간의 존재, 즉 '현존재(Dasein)'로서 존재와 관련된 하이데거의 문제에 대해 응답하려는 계속된 시도에 의해 각인되기 때문이다. 요나스의 응답은 인간 자체를 특징화하려는 것으로가 아니라 하이데거에게 치명적으로 없는 세계 경험(현세적 경험)의 차원 — 물리적, 생물학적, 신학적 — 을 받아들이는 데에서 하이데거의 응답보다도 더 잘 이해되고 합리적이다. 요나스가, 유기체 안의 그것의 기초와 물리적 과정들을 지지하는 세계 속에서의 그것의 맥락상의 배치에 대한 모든 언급에 대한 소위 '현존재'의 존재 세계를 허무하게 하는 일종의 실존주의자의 궤변에 시간을 할애하고 있지 않다는 것을 말하기 위해서, 나는 이전의 장들에서 유기체와 생명철학에 관해 충분히 말해왔다. 우리가 세계를 있는 그대로 택한 것에, 우리가 정당하게 공헌한 매우 많은 물리적 존재 — 자연 자체 — 의 객관적 특성들로부터 추상화되었는가 하는 이유를 여기서 언급하길 원치 않는다. 『책임의 명법』에서 발전된 자연의 통합에 대한 책임의 윤리학은 결국 인간 자신의 지속적인 통합은 인간이 진화론적 산물이고, 인간이 유일하게 자의식적이고 힘있는 구성 부분일지라도, 절대 필요한 자연의 객관적 속성들을 고려한 수양에 의존한다는 요나스의 확신에 뿌리를 두고 있다.

『존재와 시간』에서, 하이데거는 그가 '현존재'의 '기초 존재론'이라 부른 것을 규정하길 주장한다. 그러나 요나스의 견해로 이것은 구체화되지 않은 존재론, 즉 전혀 존재론이 아니다. 왜냐하면, 플레스너가 관찰한 것처럼 오직 생명체만이 — 특별히 자의식적인 유기체의 형식 — 자신의 가사성에 대한 적절한 인식을 통해서 진정한 존재를 획득한다고 말해질 수 있다는 것을 주시하지 않고, 죽음으로-향하는-계획된 존재라는 일시적 견지에서 '현존재'의 진정한 존재를 묘사하였기 때문이다. 다른 것들 중에 생명의 한 형태로서의 분명함과 생명체로서의 그것의 존재를 구성하고 있는 많은 다른 다양한 과정에 대한 본질적 자기 인식을 무시한 채 자신의 사멸에 대한 존재의 인식이라는 특권을 주는 데에서, 하이데거가 한 것처럼, 존재론적으로 반계몽주의자라고까지는 말할 수 없지만 약간 신비스러운 어떤 것이 있다.

플레스너의 견해처럼, 요나스의 견해에서도 인간인 유기체의 분명한 형태를 정체화시키는 것이 철학적 인간학의 기능이다. 그리고 여기에서 우리는 인간의 '본질'과 본질적 규정을 탐구하는 기초 과학으로서의 철학적 인간학에 대한 막스 셸러의 전통적 정의를 모든 사물의 근원뿐만 아니라 자연(유기체적인 식물과 동물 생활)의 영역, 그들의 본질적 능력과 실재와 함께 인간의 물리적, 문화적 그리고 사회적 진화와 더불어 인간의 형이상학적 기원과의 관련성으로 회상시켜보자. 하이데거가 거기에 있는 존재, 즉 '현존재(Dasein)'로서 인간을 특징지움은 요나스가 원시적으로 도구, 그림, 무덤의 제작과 동일시하는 분명한 세 가지 차원의 행위를 통해 그가 그 자신을 정초한, 특별히 객관적으로 구조화된 세계 안에서 특별한, 본질적으로 분명한 존재 형태인 '존재의 상태(Sosein)'로서 세계 안에 그가 위치하고 있다는 사실을 무시하고 있는 것이다.

이것들 각각은 인간이 "유일하게 인간적 형식"으로 그가 그 자신을 발견하고, 가사성이라는 자신의 한계 안에서 최선을 다해 그의 운명을 지배하는 세계와 대항하는 "발명으로부터 기원하고 그리고 더 발전된 발명에 열려진 인공적으로 중재된 것"이다. 플레스너는 본질적으로 요나스의 견해를 소중히 보호하는 인간의 존재를 특징화하는 문구를 갖고 있다. 플레스너의 말은 그가 동물 존재의 다른 형태의 단순한 직접성과 구별한, 세계 내의 인간 존재의 "중재된 직접성"이다. 이것은 동물의 환경, 즉 '환경세계(Umwelt)'와 인간의 세계, 즉 '세계(Welt)' 사이의 철학적 인간학의 학설의 발전에서 독창적인 인물인 철학적 생물학자 자콥 본 우엑쿨(Jacob von Uexkhull)에 의해 이루어진 독일인의 구별과 일치한다. 이러한 구별은 동물은 유기체의 생존 요구와 일치해서 이끌려나오거나 강요된 다소간 유쾌한 감각들의 환경에 거주하는 반면, 인간은 그들의 본질적인 인격의 견지에서 그가 평가한 다소 측정할 수 있는 속성들의 대상의 세계에 거주한다는 사실에 주의를 집중한다. 이것은 인간이 이끌려져 왔거나 또는 탈출하려는 감각적 자극, 즉 더위와 추위, 거칠고 부드러운 고통과 기쁨의 동물적 직접성에 반응하지 않는다고 말하는 것은 아니다. 오히려 요점은 이러한 자극이 인간에게 개념적 언어에 의해 그가 명명하고 실천적 실험과 이론적 탐구, 즉 과학에 의해 그가 내적인 구조적 속성의 견지에서 객관적으로 동일시하는 동일화를 증명할 수 있는 객체로부터 나온다는 것이 인지된다는 것이다.

세계 인식이라는 이러한 인간의 특수한 특징은 왜 언어가 내재적이고 필수적으로 언어라는 매개체를 통하여 인간 주체는 대상의 세계의 모습을 형성하며, 인간 주체가 객관적으로 주어진 속성을 정확하게 동일시하는 한, 그가 결론적으로 조작할 수 있으며 실천적으로 그가 이러한 목적을 위해서 만든 도구들의 사용을 통해서 그리고 상상적으로 예술 작품의 형태들을 통해 덧붙일 수 있다.

"하이데거와 신학(Heidegger und Theology)"(PL, 235-261)이란 그의 에세이에서, 요나스는 이러한 객관화의 특징에 대한 플라톤에의 하이데거의 공헌을 존재의 흐름 속에서 구체화된 인간의 근본적인 의식에 대한 왜곡이라고 비판한다. 객관화하는 형이상학의 "환상들"은 이것으로부터 유추되고, 이러한 것들은 차례로 세계화된 기술공학의 시대를 세계의 사물들이 그것의 사용 가치의 견지에서만 평가되는 "존재의 망각"을 일으킨다고 한다. 그러므로 형이상학적 전통의 언어에서 구별 혹은 이중성으로 기술된 주체 — 객체의 연관은 타락(도덕적 과실)이 아니라 특권, 즉 인간의 짐이며 의무다. 플라톤은 그것에 책임을 느끼지 않으나 인간 상황, 창조의 질서 하(下)의 한계와 그 결함에는 책임을 느낀다. 왜냐 하면 성서적 진리로부터 일탈된 것과는 거리가 먼 인간을 사물 전체에 대해서 위에다 위치시키는 것, 인간의 주체적 상태와 객관적 상태와 사물 자체의 상호 형식주의는 창조의 사상과 그것에 의해 결정된 자연에 대한 인간의 위상에 대한 사상 안에 정초되었다. 즉, 동료 존재들과 신과의 어떤 조우에서, 즉 특별한 종류의 존재론적 관련성 안에서만 초월되고 — 연관을 통해서 작용되어 받아들여진 것이 그의 창조물에 의해 강요된 성경 안에서 '의미된' 인간의 상황이다. 성서적인 전통에 대한 철학자의 존경은 이러한 존재론적 도식을 서양 정신 — 그리스 전통보다 더 모호하지 않기 때문에 아마도 더욱 그러한 — 에 부여하는 데에 그것이 했던 역할의 인식에 의존한다. 슬퍼하거나 큰소리친 불화의 기원은 플라톤에게만큼 모세에게도 있다. 그리고 만약 당신이 기술공학을 어떤 사람의 근처에 놓아야 한다면, 형이상학의 희생양에 대한 유대-기독교 전통을 잊지 말라"(PL, 258-259).

인간과 세계 사이의 관계를, 수많은 이유로 인간과 세계 사이의 연관을 객관화하기 위해서, 나는 인간 성향에 대한 하이데거의 명예 훼손에 반대한 이 논의를 인용해왔다. 첫째로 그것은 절대적인 명료성으로, 세계와 인간의 신의 창조에 대한 성서적 이론과 주제와 객체 사이의 내적인 이중성에 대한 형이상학적 인식 사이에서 요나스가 관찰한 관련성을 보여준다. 둘째로 그것은 실천적으로 지향된 서양의 과학의 발전과 세계적 기술공학의 형태로 그것을 수반한 성취와의 구별을 인식하게끔 한다. 그리고 셋째로 하이데거에 반대해서, 그것은 이러한 세계관을 "존재의 망각"의 체계로 보지 않고 인간 상황의 단일하고 박탈할 수 없는 진리를 등록하는 것으로 본다. 성서적 전통이 신의 창조 질서와 동일시되는 것을 자연의 실재성으로 만든 사람은 플라톤이 아니라 모세다. 이러한 도식에서 인간은 특별한 위치를 차지하는데, 이것은 인간의 존재가 다른 생명 형태의 필요성보다 더 필요하기 때문이 아니라 인간만이 그가 신의 창조물로서 간주할 것을 선택하거나 선택하지 않을 수도 있다는 전체 질서를 인식하기 때문이다. 인간의 근본적인 본성과 상황의 어떠한 길이든 똑같고, 성서적 전통에 의해 자연주의적 형이상학의 세계관과 그것에 반대하는 것을 유토피아적 상황에서는 어느 길이든 찾는 것은 불필요하다. 이것은 공유되고 혁명적인 예언가의 사나운 목소리가 비난하고 반항한 내적인 혁명이다. 에릭 보겔이 "혁명적인 그노시즘"으로 묘사하고, 그가 현대의 무질서의 정신적 근원으로 동일시한 것은 바로 이러한 후자의 현상에서다.

요나스 자신의 생애에서 이러한 무질서는 국가사회주의의 현상에서 가장 고통스럽게 증명되었다. 요나스 자신은 1933년에 히틀러가 지배하는 독일을 떠났다. 그의 부모들은 그렇게 하지 않았고, 그의 어머니는 아우슈비츠에서 죽었다. 즉, 유대인에 대한 나치의 피의 굶주림의 희생자였다. 어떻게 요나스의 생애와 사고가 제3제국의 영향 없이 발전할 수 있었는가를 상상하는 것은 불가능하다. 내가 제시했던 것처럼, 비록 그가 십중팔구 본질적으로 묘사했던 연구 노선을 추구했던 독일 대학 체계의 안정된 환경에서 입증된 독일 교수들이 그것을 할 수 있었던 것처럼 인습적인 경력을 추구해왔다 할지라도. 공교롭게도 사태가 정말로 다르게 판명되었다. 유대인으로서 그의 생애가 위태롭게된 살인 정권에 대한 투쟁은 그를 군인으로 5년간 살게만 한 것이 아니라 본질적으로 위험한 생명의 현상, 그 자체와 그것의 지속이 확실해질 수 있는 상황들을 고찰하게끔 했다.

이것은 우리가 말했던, 그 시대의 사건들에 대한 철학자로서의 요나스의 응답이었다. 그러나 이것을 넘어서 신학자로서의 그의 응답이 있고, 특별히 그것에 대한 유대인 신학자로서의 그의 응답이 있다. 물론 두 가지는 다 매우 깔끔하게 분리될 수 없다. 왜냐 하면 우리가 보아온 것처럼, 요나스는 인간 존재의 신학적 차원에서의 탐구를 — 신과 인간의 연관에 대한 문제 — 인간 존재의 형태에 대해 진술을 하는 것이 철학자의 임무의 전체 부분으로 보았기 때문이다. 이러한 확신은 단지 가장 최근에까지, 신의 존재의 신비함과 그 문제점 그리고 세계에 대한 인간의 관련성에 대한 고찰이 언제나 중심 역할을 해온 철학적 전통에 대한 그의 충실한 믿음의 작용만은 아니다. 오히려 도구, 그림 그리고 무덤에 의해 예시화된, 세 가지 같은 시대의 행위의 차원들의 견지에서 동물적 영역 안의 인간적 구별의 특성과 함께, 그의 철학적 인간학의 특수한 성격은 "그를 삶과 죽음에 대해 깊이 생각하며, 외향을 거부하고 자신의 사고를 눈에 보이지 않는 것에로 끌어올리는 인간적으로 규정된 인간의 성향, 세 번째 것으로[무덤으로 : 역자 주] — 민감하게 했다"(PE, 252).

20세기 중엽의 유럽, 히틀러와 멸종 캠프 시대의 유대인에게 신의 문제는 물론 신이 가시적이지 못했을 뿐만 아니라, 신에 대한 유대인의 요구가 이전보다도 더.컸을 때, 즉 신의 선택된 사람의 대량 순교의 시기에 신은 없었다. 요나스가 6월에 91세로 죽은, 그의 친구이자 동료인 기독교 신학자 루돌프 불트만을 기념하여 1976년 11월에 한 기념 강연에서 제기한 "믿음은 아직 가능한가?"(MM, 144-164)라는 주제에 특별한 통렬함을 준 것은 바로 이러한 경험이다.

하이데거와의 확장된 대화로서 철학자로서의 요나스의 저서가 하나의 중요한 의미로 읽힐 수 있는 것처럼, 그의 신학적 저술들은 불트만과의 비판적 대화이지만 호의적인 면을 갖고 있다. "믿음은 아직 가능한가?"는 "루돌프 불트만의 기억들과 그의 저서의 철학적 관점에서의 고찰들의 부제다. 그리고 이러한 이중의 표시가 지시하는 것처럼, 이런 기념적 강연은 비록 그것이 그렇게 잘 되었다 할지라도 요나스가 애정과 존경을 가졌던 사람에 대하여 개인적으로 봉헌하는 것 그 이상의 것이었다.

요나스는 신학에 관한 마르부르그 세미나에 참가했을 때인 1924년에 처음으로 불트만을 만났다. 최초로 철학자와 하이데거의 제자의 인물상을 요나스는 강렬하게 묘사했고, 하이데거의 『형이상학의 기초 개념들(*Fundamental Concepts of Metaphisics*)』(1995년)의 영어 번역의 자락으로 재구성되어 나타난 프로필에서 그가 말한 것처럼, "이러한 관심은 구약과 유대교의 연구에서 실천되어 왔을지라도 요나스는 이미 종교에 관심이 있었다"(MM, 145). 그가 덧붙여 말하기를, 신약을 나에게 열어준 것은 불트만이었다. 내가 비기독교인으로 신약을 이해하는 것은 그에게서 기인한다. 신약으로 그는 최초의 기독교의 역사적 상황과 게다가 오랫동안

나를 노예 상태로 잡아둔 주제를 나에게 열어주었다. 요나스가 요한복음에서 신을 아는 것에 관해 "과도하게 긴 세미나"로서 회상한 것을 표현했던 것은 불트만의 세미나에서였다. 그리고 그를 그노시스의 연구로 이끈 이러한 주제를 탐구하게 한 것은 불트만의 격려였다.

하이데거의 세미나에서 첫 번째로 표현된, 아우구스티누스에게서의 자유 의지에 대한 요나스의 연구는 불트만이 편집했던 연구물의 시리즈로 출판되었다. 그리고 1934년에 그노시즘에 관한 요나스의 첫 번째 책의 출판을 보증해준 사람도 불트만이었다. 그가 그의 이름을 유대인 저자의 저서와 연관시키는 위험에도 불구하고 불트만은 그 저서의 서문에 기여했다. 이것은 요나스의 첫 번째 조언자인 하이데거가 나치주의에 최고조로 열중했을 그때였다. 이때 프라이브루그대학의 새로운 총장으로서 하이데거는 그의 스승인 에드문트 후설의 대학 도서관의 사용을 중지시키고, 『존재와 시간』의 속표지에서 후설의 이름을 제거하는, 아직도 부끄럽게 여기는 법령에 사인했다. 이 모든 것에서 위태로웠던 것을 너무 잘 알았던 요나스가 비록 그가 영국 장교의 유니폼을 입고 1945년에 독일로 되돌아온 "깨끗한 소수" 중의 한 사람으로서 언제나 "그의 존재의 확고한 순수성"을 말하고 그럼으로써 공포가 올 수 있음을 알았다 할지라도 언제나 불트만을 존경했다는 것은 놀랄 일이 아니다.

요나스는, 그가 탈출기도를 시작하기 전에 불트만과 그의 가족을 떠날 때의 환경의 측은한 묘사와 함께 우리를 떠났었다. "1933년 여름에 그의 사랑스런, 감정이 풍부한 아내와 세 명의 학생인

딸들과 함께 우리는 저녁 식사 테이블에 둘러앉았다. 그리고 나는 그가 아직 읽지 않은, 독일맹인협회가 그 협회의 유대인 회원을 내쫓았다는, 내가 신문에서 막 읽은 기사를 이야기했다. 나의 공포는 나를 수다떨게 했다. 즉, 불멸의 밤에 직면해서, (그래서 나는 외쳤다) 가장 통일된 운명이 고통받는 사람들 중에 있을 수 있다. 보통 운명의 이러한 폭로도, ─ 그리고 나는 멈추었다. 왜냐 하면 나의 눈은 불트만에 머물렀고, 나는 몹시 창백함이 그의 얼굴을 덮고 있음을 보았다. 그리고 말할 수 없는 ─ 그러한 고뇌가 그의 눈 안에 보였다. 단순한 인간성의 문제에서 우리는 불트만에게 의존할 수 있었고 언어, 설명, 논의 대부분의 수사학은 여기에서 부적당했었고, 어떤 시간의 광기도 그의 내적인 빛의 안정성을 희미하게 할 수 없다는 것을 알았다. 그 자신은 한마디도 하지 않았다. 그 후 계속해서 나에게 이러한 일화는 내적으로 감동을 받으면서도 외적으로 무감각한 사람의 이미지에 속해 왔다(올덴부르그가 고향인, 거의 차가운 외모에 의해 나를 다정하게 억제하게 한 것은 기질의 유사함이 아니었다)"(MM, 146).

이것은 요나스의 전기가 아니다. 그럼에도 불구하고 불트만과 그의 가족으로부터의 작별은 요나스 신학에 대한 논의의 맥락과 관련시킬 가치가 있다. 왜냐 하면 요나스의 진술은, 불트만의 급진적으로 신화적 요소가 제거된 신학이 요나스 자신의 신학적 입장의 발전에 미쳤던, 영향력의 유형에 불을 밝혀주었기 때문이다. 불트만의 신선한 기질은 내면적이고 현세적인 인과 관계에 대한 그의 칸트적인 철학으로부터의 그의 신학의 분리는 오직 신의 존재와 현세적 질서 사이의 연관에 대한 요나스 자신의 다른 개념을 만족시키는 데 지나지 않는다. 그리고 현재의 맥락에서 우리는 불트만의 입장에 대한 그의 비판의 세밀한 내용을 언급할 수 없는 반면에, 하이데거의 자세와 매우 다른 불트만의 개인적이고 도덕적인 자세의 고귀함과 통합이 요나스에게 그가 그 자신의 자세를 평가할 수 있는 모델을 제공한 것처럼, 불트만이 그의 존재론적 신학과 나란히 발전시켰던 지적 엄격함과 그러나 별도로 인과 관계에 대한 엄격하게 합리적인 그의 칸트적인 철학은 요나스에게 그가 어떻게 자연 세계의 인과적으로 결정된 질서를 중히 여긴 본질적으로 자연주의적 형이상학이 그 둘 사이의 표면적으로 심한 모순에도 불구하고, 신의 현존에 대한 신학을 위한 여지를 남겨둘 수 있었는가에 대한 그 자신의 더욱 통합된 진술을 발전시킬 수 있는 모델을 제공했다는 것을 주목하는 것은 중요하다.

여기에서 요나스의 입장은 미묘하고 설득적이다. 요나스는, 불트만의 입장이 신의 중재의 놀라운 초자연적인 가능성이 허용될 수 없는 내재적 인과성의 견지에서, 세계에 대한 현대의 과학적 진술의 깊은 감동을 받은 신학자의 입장인 반면에, 그 자신의 본질적으로 철학적인 입장은 인과 관계에 대한 우리의 인식의 한계가 함축하고 있는 것에 대하여 그를 민감하게 한다는 사실에 의해 만들어진 차이점에 대한 관찰을 시작한다. "그가 말하길, 철학자는 과학의 권위에 의해 위협받는 신학자보다 믿음의 가능성에 더 일치해야만 하거나 그것의 현대적 장애에의 부담에 덜 일치해야만 한다는 것은 이상하게 보인다는 것이다. 그것은 철학자의 직업은 인식의 '한계'를 아는 것이라고 우리가 고려할 때 덜 이상하다. 왜냐 하면 그는 항상 그 한계들을 만나고 힘있는 과학의 권위와 함께 수반되는 것 또는 그 자체가 믿음인 것의 압박에 더 이상 영향을 받지 않기 때문이다"(MM, 163). 여기서 이전에 언급된 주요한 통찰력은, 세계 질서의 내적 인과성에 대한 우리의 과학적 지식은 완전하게 결정된 인과적 체계를 인식하는 것이 아니라는 것이다. 그 체계 안에서는 우리가 이미 성취한 인과적으로 결정된 상황은 반드시 단일한 결정된 결과를 함축해야 한다. "자연 법칙들이 가능성의 정도에서 크게 다르다 하더라도 불변의 법칙들에 일치하는 모든 것들에 …… 분열로부터 더 나아간 과정이 다양한 방향을 택할 수 있는 …… 중립적 출발 상태와 일치한다는 것을 보여주는 것은 철학에서다"(PE, 157).

공교롭게도 철학, 특히 요나스 철학만큼 정통한 철학은 생명의 진화론적 역사의 우연성에 대한 인식에 의해서인데, 지구상의 진화론적인 생명의 역사에서 그것이 미리 존재하는 환경적인 맥락에서 생존 가능한 새로운 형태를 발생시키는 가능성을 갖고 — 다소간 주어진 종들의 생존에 도움이 되는 돌연변이에 종속하는 — 그것들 중 어느 것도 사건들의 필수적인 미래의 과정으로 예언될 수 없는 "출발 상태"에 관한 이야기다. 회상하면 하나의 상황은 필수적으로 그것에 미리 존재하는 것으로부터 유추되어 나타난다. 그들이 개인적 유기체들의 돌연변이로부터 유추된 대부분의 그런 변화들은 지극히 적다. 그러나 우연히 약 65만 년 전에 공룡의 멸종의 원인이 된 커다란 혜성이나 운석의 충돌처럼, 이전에 예측할 수 없던 사건의 결과는 — 외계적인 때 — 엄청날 수 있다.

이 모든 것은 인과적 세계 질서 안에서 초자연적 신의 간섭의 신학적 가능성과 무슨 관계가 있는가? 아무것도 필연적이지 않고 모든 것은 가능할 뿐이다. 세계의 인과적 질서는 단일한 미리 결정된 인과 고리와는 다른 어떤 것이라는 과학적으로 보증된 명증성은 우리에게 그러한 초자연적인 신의 간섭이 발생할 것을 믿을 어떤 이유도 제공하지 않는다는 의미에서 아무것도 아니나, 세계 질서가 모호하게 결정되었다는 사실은 우리가 그러한 간섭의 가능성을 요구한다는 것을 고려할 때는 상당한 것이다. 그러한 간섭이 일어났다고 우리가 믿는지 어떤지는 믿음의 문제와 신념의 문제다. 그러나 불트만이 가정했던 것과는 반대로 그러한 기적이 실제로 인과적으로 결정된 세계 안에서 가능하다는 믿음의 가능성을 전제하는 세계에 대한 우리의 인식 안에서는 아무것도 없다. 최소한 현대 과학의 인과적으로 결정된 세계관은 이러한 수용을 허용한다. 그리고 세계의 인과적 질서 안에서 초자연적 간섭을 믿는 것이 가능하다면, 자연적 존재의 질서와 그 안에서 인간의 특별한 신적으로 지향된 위상이 신의 의도를 표현한다는 것은 얼마나 더 약한 입장인가?

이것은 요나스가 신학적 저술들에서 표현한 숙고적인 입장을 기초로 한 형이상학적 가능성이다. 요나스의 말로, 이것은 "내가 참이라고 믿고 싶은 불확실한 신화"(PL, 278)이고, 칸트의 말로, 신학적 에세이들의 시대에 그가 탐닉했던 "이성의 사치품"이다. 그것은 논리적 요구로서가 아니라 숙고적 연장으로서 그의 자연주의적 형이상학의 과학적으로 형성된 형이상학과의 연속선상에 있다. 그가 주장한 것은 그럴 듯하다. 그러나 독자가 그것을 가능할 뿐만 아니라 참이라는 것을 발견하느냐 하는 것을 요나스가 그의 독자들에게 받아들이게 하려 했으나 강요하지 않은 믿음의 행위에 의존하고 있다. 그것은 각자에게서 그 자신의 믿음의 행위에 의존한다. 그리고 그러한 믿음의 행위들은 현대에, 규칙 — 홀로코스트의 사건들은 놀랄 만한 예이고 믿음의 행위를 매우 다르게 만든 다수의 역사적 사건들 — 이라기보다 더 예외적이다. 그가 최소한 믿음의 그러한 입장을 주장하려는 것은 유대인의 유산에 대한 요나스의 충실함에 기여한다. 그러나 그의 경우에서조차 그의 신학을 형성한 믿음은 유대인과 기독교인의 정통성의 부분을 전통적으로 형성했던 신의 전능함에 대한 학설을 희생하는 것을 포함한다. 이것은 선한 신의 창조자의 현존에 대한 믿음이 계속 주장되기 위해서 치러야만 하는 대가다.

이러한 신학적 입장에 대한 요나스의 가장 체계적인 진술의 경우인『물질, 정신 그리고 창조』는 그가 1987년에 "주제에 관한 요약 : 우주와 두 번째 주된 원칙"이란 제목의 기록을 말했을 때 나타났다. "정신과 자연"이라 불렸던 하노바에서 개최된 회의에서 1988년 5월에 약어의 형식으로 첫 번째로 제시된 요나스의 에세이는 그 기록에의 주제에 대한 그의 응답이었다. 그것은 어떤 방식으로는 요나스의 많은 에세이 중에서 가장 복잡한 것인데, 그것이 명료하지 않기 때문이 아니라 그것의 범주에서 물리학의 고찰로부터, 1943년에 아우슈비츠 가스실로 보내졌던 젊은 독일계 유대인 여자 에티 힐레줌(Etty Hillesum)의 경우에 의해 알려진, 개인적인 신학적 고찰에까지 연장되어 있기 때문이다. 그것은 그의 스승인 하이데거의 가르침으로부터 요나스의 유산인 세계 내 인간 존재의 문제에 관한 일생의 고찰을 포함한다. 요나스의 책은 논리적이고 열정적이다. 그리고 그 책은 하이데거의 것보다도 더 인식적으로 포괄적이고 더 합리적이고 더 윤리적으로 감각적인 노선을 따른 이런 질문에 대한 종합적 응답을 구체화한다. 그의 입장에 대한 요약으로 내가 말할 수 있는 어떤 것도 20세기 철학의 가장 뛰어난 기록 중의 하나를, 어떤 기준에 의해서, 완전히 읽어보는 것보다 더 잘 알 수 있도록 해주는 것은 없다. 그럼에도 불구하고 나는 그가 전개한 논의 안에서 약간의 주요 단계를 명백히 하는데 — 과학적 인식의 현재 상태를 내가 이해하는 것과 창조된 질서 위의 신의 전능성에 대한 요나스의 반대 입장의 예외와 우주는 우리가 믿는 선한 신의 창조인 유대-기독교 가설과 일치하는 논의에 — 노력할 것이다.

이러한 특징들이 보여주고 있듯이, 요나스의 에세이는 내가 아는 어떤 다른 저술과도 비교할 수 없는 야망 있는 기획이다. 그 에세이는 논의거리를 이끌어내고 합리적이고 현명하다. 그러나 동시에 그것은 결국에 그것이 대답하는 것만큼 많은 문제들을 남긴다. 이러한 의미로 그 에세이는 그의 최선의 노력에도 불구하고, 그가 결코 완전하게 이해하지 못하는 존재의 과정에, 운명과 조건에 의해서 참여하는 피조물로서의 인간의 존재를 평가하는 수수께끼 같은 성질을 숙고한다. 여기서 에릭 뵈겔린의 용어를 회상해보면, 존재에의 인간의 참여의 조건은 인간이 참여한 과정이 그가 어떤 통찰력을 얻으나 결국에는 그의 이해력을 넘어 확장되거나 초월하게 될지도 모르는 그것의 형식, 구조, 궁극적인 운명으로의 "펼침의 과정 안에서의 신비로움"이라는 것이다.

이러한 주제에 대한 요나스의 참여의 특징은 인식이 멈추고 숙고의 임무를 시작한 점과 그것이 일시적일지라도 그러한 숙고가 인간의 순수한 소명의 일부라는 그의 독특한 확신을 구별하려는 그가 갖는 관심사에 있다.

흥미 있는 것은 요나스 에세이의 내용이 아니라 그것의 구조적 형식이다. 『물질, 정신 그리고 창조』에서 요나스가 하려는 것의 기준을 찾기 위해서, 이것에 대해 어떤 것을 말하는 것은 가치가 있다. 그들의 형이상학에서 중세의 스콜라 철학자들은 그들 이전의 아리스토텔레스처럼 지각의 질서와 존재의 질서를 구별했다. 이렇게 하여 그들은 우리가 세계를 지각하는 질서가 미래의 질서가 아니라는 사실에 주의를 기울였다. 우리가 세계를 인식할 때 우리가 인식하는 것은 바로 선행하는 원인들에 의해 이룩된 결과를 인식하는 것이다. 그러므로 지각이, 말하자면 경험적으로 알 수 있는 결과들로부터 세계 존재의 실제적 질서 안에서 선행하는 원인들 — 물질적, 형식적이고 최종적이나 목적적인 기술공학적 — 임에 틀림없는 것에로 거슬러 뒤로 작용하는 반면에, 원인은 논리적으로 결과에 선행한다.

아리스토텔레스의 형이상학에서 궁극적인 제1원인은 최초의 동자로서 불변하는 움직이지 않고 움직여지지 않는 비인간적인 인과 원칙으로 정초된다. 중세 기독교, 유대 그리고 이슬람교의 철학에서 최초의 동자 위치는 창조자 신의 인격적 존재에 의해 택해진다. 이러한 방식으로 아리스토텔레스로부터 유추된 우주의 개념은 이교도가 아닌 계승자들에게 성경과 코란의 신의 신성하게 의도된 목적적 창조와 일치하게 된다. 현대 과학이 가장 결정적으로 거절한 것은 바로 모든 창조의 내적인 목적 있음이다. 우리가 보아온 것처럼 자연 선택을 통한 다윈의 진화론은 처음으로 목적 있는 계획의 거부로 하여금 불활성 물질의 기계적인 우주로부터, 데카르트에 의해 철학적으로 인식된 그리고 뉴턴적인 기계론에서 각인된 것처럼 기능적으로 적합한 계획의 출현의 매우 예시화된 생명 있는 자연 세계로 확장될 수 있도록 했다.

유기체에 관한 장에서 지시했던 것처럼 이것은 요나스가 완전하게 받아들인 견해이고, 그 견해는 독일에서 그가 1987년에 보낸 기록 안에서 제시된 지지할 수 있는 주제를 발견했던 이유인데, 그에게 현대 물리학의 인간학적 존재론과 일치하지 않는 것으로 여겨졌다. 자연의 경향을, 소위 빅뱅에서 기원한 물리적 구조로부터 창조된 것으로 설명하는 가설을 세우는 데에 증가하는 유기체적 복잡성의 구조는 생명의 현상과 같은 — 즉, "우주와 두 번째 주된 원칙"은 그 기원에서 우주의 모든 에너지와는 별도로 더 나아간 발전을 유도하는 '정보'가 나타나게 된다는 것을 지적했다(MM, 165). 요나스는 내면적인 "우주발생론적 로고스(cosmogonic logos)"의 사상을 — 원시적으로 형성된 원칙 — 루드비히 클라게스에 의해 처음으로 만들어진 "우주발생론적 에로스(cosmogonic eros)"의 사상과 "아주 가까운 것"으로 인식했다.

요나스는 그의 젊은 시절에 독일에서 상당한 대중성을 얻었던 클라게스의 생명철학에 정통해 있었다. 그러한 사상의 회복이 창조의 질서에서, 처음부터 작용한 "우주발생론적 로고스"라는 개념의 형태로, 불활성 에너지와 물질로부터 유기체의 신비한 발생을 설명하려는 그러한 사람들에게 호소력을 갖는 이유를 이해하는 것은 어렵지 않다. 왜냐 하면 가설이 시도하려는 것은 현대 과학의 커다란 공백 — 화학의 영역을 구분하는 커다란 신비로움을 설명하는 불가능 — 을 치유하는 것이기 때문이다. 그리고 그것은 비유기체의 속성과 재자연 발생하는 유기 복합체의 속성 사이에 존재하는 존재론적 차이를 설명하고 그 간극을 메우려 한다.

비유기체적 복합체의 속성들은 궁극적으로 순수하게 물리적 용어로 설명될 수 있다. 그들은 다른 것들과 재결합하는데, 다른 복합체를 본질적으로 형성하고 안정성에 의존하는 것은 부수적으로 다양하게 뉴턴의 열역학 법칙에 따라 그들이 완전하게 구성한 물리적 요소들에 작용하는 붕괴의 엔트로피적 압력에 종속한다. 그들의 반작용은 화학적 반작용의 견지에서 배타적으로 설명에 영향을 받기 쉽고, 그들이 구성된 요소의 물리학의 견지에서 궁극적으로 설명될 수 있다. 그러므로 그들의 행위에 대한 설명은 결국 물리학의 영역과 관계된다.

반대로 유기체적 복합물은 살아 있는 실체들 — 생명의 물질 — 이다. 그들은 복합물의 지속적인 정체성이 물질적으로 그 자체가 아닌 비정체적 물질의 섭취에 의해 보증되는 자기-재발생의 속성을 확증한다. 이것은 요나스가 보았던, 다양한 생명 현상의 보편적이고 특이한 차이인 신진대사의 과정이다. 게다가 그들은 새로운 유기체들을 변화시키고 형성시킨다. 이러한 특성은 암세포의 형성 안에서 예증되고, 고차원적으로는 새로운 전례 없는 생명 형태의 발생에서도 예증된다. 주어진 환경 안에서 적자 생존에 의존하면서 어떤 것은 살아남고 심지어는 돌연변이를 통해 원래 그것들을 파생하게끔 했던 원형을 추방하기도 한다. 다윈의 진화 가설이 자연 선택을 통해 설명하는 것이 바로 이것이다.

뉴턴의 물리학이나 다윈의 진화 생물학 중 그 어느 것도 설명하지 못하는 것은 비유기체로부터 유기체로의 이동이다. 창조의 질서 안에 내재하는 두 번째의 원시적 형태의 원리가 갖는 매력은 "우주발생론적 로고스"의 사상과 같은 것이다. 그것은 요나스가 응답한 매력적인 가설인데, 그는 그것을 다음과 같이 종합했다. 즉, "'카오스적 폭발(chaotic explosion)'로부터 이러한 정보가 나오는데, 처음에는 그들로부터 양성자, 수소원자가 구별되고 이것들로부터 요소의 주기표, 비유기체적 복합물과 아름다운 수정계로 구별되는 비물질적 형태의 에너지와 원시적 입자를 넘어서 나온다. 결국 이러한 정보는 통일된 "사이클", 즉 우주에서의 천체적 사이클, 지구상에서는 특별히 대기와 생명의 사이클을 이룬다"(MM, 165-166).

요컨대 이러한 사상이 갖고 있는 문제점은 비록 그것이 다른 방식으로 설명될 수 없는 것을 논리적으로 설명한다 할지라도, 그러한 두 번째 정보화된 원칙이 실제로 존재한다는 것을 제안하기 위해서 빅뱅으로 발생한 불활성이고 에너지 있는 물질의 속성들 안에는 아무것도 존재하지 않는다는 것이다. 그것은 우리가 실제적이고 존재론적인 존재에 대한 증거 부족을 무시하는 한에만 그것의 순수하게 논리적인 가능성을 갖는 가능한 신화다. 그러므로 이것보다 더 많은 것이 있다. 즉, "'정보'의 …… 이미 제시된 '로고스'의 개념은 유전적 관점으로부터 분해되나 논리적 관점으로부터도 분해된다. 어떤 경우에는 지속된 명료화가 개인적인 경우에 생기고, 그것은 세계 내에서 그 자체를 반복하고 그것의 수준을 유지하고 그것의 위치를 확장한다. 그것은 그것 자체를 넘어선 단계를 설명할 수 없다. 왜냐 하면 우리는 그것과 연관되고 새로운 어떤 것으로 이끄는 초월적 요소를 요구해왔기 때문이다"(MM, 167). 요나스가 질문하길, "그것은 무엇이 될 수 있을까?" 내가 대답한 것은 새로운 것은 정보 혹은 로고스, 즉 그 자체로 매우 이성적인 것에 의해 제시된, 즉 결론으로부터 그리고 궁극적으로 결정된 것으로부터 다시 뒤로 작용하는 것에 의해 제시된 것보다, 한편으로는 더 사소하고 더 혼돈스럽게 나타나고, 다른 한편으로는 더 신비스럽게 나타난다는 것이다. "사소하게 그리고 혼돈스럽게"는 물리적인 면에 호소하며, "신비하게"는 정신적인 면에 호소하고 있다(MM, 167-168).

내가 생각하기에 요나스의 논의가 어디에 이르는지 알아보는 것은 어렵지 않다. — 한편으로는 불활성 물질, 현대 물리학의 함축들과의 연관에서, 그리고 자연 선택을 통한 진화의 원칙인 생명의 영역과 연관해서 받아들일 필요를 인식하는 데 이르고, 다른 한편으로는 우리가 실제로 경험하는 세계 내에서 정신적인 것의 초월적이고, 아마도 신적인 창조의 우월한 가능성으로의 출현을, 그의 존재에 대한 어떤 증거도 갖지 못한 내재적이고 정보가 많은 우주적으로 원시적인 "로고스"의 견지에서, 그리고 그것이 존재한다 하더라고 주체성의 질적으론 새로운 현상들의 존재를 논리적으로 설명할 수 없는 그런 현상의 설명에 바람직한 것으로 여기는 것에 이른다.

게다가 요나스 논의의 방향에 대해서가 아니라 그 논의의 구조적 형식에 대해 더 나아간 점이 있다. 이것은 우리를 존재의 질서와 지각의 질서 사이의 아리스토텔레스적이고 스콜라적인 구분에 대한 우리의 이전 진술로 다시 연관시킨다. 『물질, 정신 그리고 창조』에서 요나스가 한 것처럼 비유기체적인 에너지화된 물질의 속성, 즉 물리학의 영역에 대한 진술로 시작하는 데에서 요나스는 특히 자신의 존재론을 구성하려 한다. 그리고 그것을 통해 그의 신학을 "세계"의 구조가 '현존재'의 존재 안에서 '눈앞에 있는(Vorhanden)', 즉 가장 가까운 곳에 있는 것으로부터 유추된, 지각의 질서의 노선에 따른, 인습적인 하이데거적 실존주의의 형태 안에서처럼 구성하려는 것이 아니라, 현대 과학이 존재의 질서를 이해하는 것과 일치해서 그의 신학을 구성한다. 이것에 관해 그는 매우 명확하다. 즉, 그가 말하길 "주제의 연속은 — 물질, 정신 그리고 창조 — 연구의 과정을 나타낸다. 그것은 자연과학이 그것을 묘사한 것처럼 양적으로 과도한 우주의 관점, 즉 시간과 공간 안에 확장된 '물질적 내용'으로 시작한다. ……그것은 자연 세계의 작은 생명 부분 안에서만 자신을 알리는 측면으로 진행한다. …… 그리고 다시 물질 세계로부터 나타났으나 그것, 즉 우리 자신의 경험 안에서만 우리가 아는 것 같은 '정신'의 신비함에 대해 아직 묶여 있는 것으로 진행한다. …… 이 지점에서 우리의 탐색은 이러한 단계의 창조 근거에 대한 문제, 즉 신의 문제를 제기한다"(MM, 166).

이것은 존재의 객관적 속성들과의 관련성 안에서 존재론적 기초를 표현한다. '현존재'에 대한 하이데거의 "기초 존재론"의 역동성을 표현하는 것이 아니라 더욱 급진적으로, 데카르트와 그의 선언인 "나는 생각한다. 그러므로 나는 존재한다"이래로, 주체성의 명증성과 함께 출발했던 그리고 거기서부터 세계의 특성과 존재를 유추해냈던 현대, 즉 중세 후의 철학의 모든 습격에 대한 역동성의 기초적인 역전을 표현한다. 동시에 창조의 원인으로서 신의 존재보다 존재론의 원초적 자료로서 세계의 물질적 존재를 정초함으로써, 요나스는 명확하게 현대적 방식으로 존재 질서의 우위성을 입증한다. 다시 한 번 우리는 회복의 요소가 — 지각의 질서 위에 존재의 질서를 두는 경우에 우선의 경우로 — 특별히 현대적이고 과학적으로 정보가 많은 세계 내 인간 존재에 대한 철학적 진술 안에서 통합되는 방식을 인식할 수 있다.

『생명의 현상』(PL, 7-26) 안의 첫 번째 에세이인 "존재론에서의 삶, 죽음 그리고 육체"에서 요나스는 "인간이 처음으로 사물의 본질을 설명하기 시작했을 때 …… 생명은 인간에게 어디에서나 있었고 살아 있는 존재와 똑같은 존재였으며 …… 생명이 없는 '죽은' 물질인 단순한 물질은 — 실제로 우리에게 친숙한 그것의 개념이 결코 명백하지 않은 것으로 아직 발견되지 않았다고 지적하는 이러한 현대 세계관이 실제로 얼마나 반직관적인가 하는 것에 우리의 주의를 환기시킨다. 세계가 정말로 살아 있다는 것은 가장 자연적인 견해이고 소명된 증거에 의해 지지된다. 경험이 의지하고 있으며 포함되어 있는 현세적인 장면에서, 생명은 풍부하고 인간의 직접적인 견해에 노출된 전체 전경을 가득 채운다. 이 원시적인 영역에서 만나는 생명 없는 물질의 비율은 작다. 왜냐 하면 우리가 생명이 없다고 아는 것의 대부분은 그것이 그것의 본질과 공유한다고 여겨지는 생명의 역동성과 매우 친숙하게 서로 얽혀 있다. 흙, 바람 그리고 물은 ― 생기고, 가득 차고, 양육하고, 파괴하는 ― 결코 '단순한 물질'의 모델들이 아니다. 영혼의 강력한 요구에 대답하는 것에 첨가하여 원초적인 범심론은 유용한 경험의 영역 내에서 추론과 증명의 규칙에 의해 정당화되었고, 실제로 지구 내에서의 실제적인 생명의 우세함에 의해 확증된다"(PL, 7).

고대 철학자들 중에서 루크레시우스(Lucretius)의『만물의 본성에 대하여(*De Rerum Natura*)』안에서 가장 체계적으로 입증된 에피쿠로스학파(Epicureanism)만이, 생명은 우주가 구성된 것의 보잘것없는 비율에 지나지 않는다는 ― 우발적이고 우연한 모험이 제기한 그리고 니콜라이 하르트만이 "영원성의 무자비한 구조"라고 부른 것 안에서 ― 어떤 실제 인식을 보여준다. 초인간의 힘있는 질서에 앞서서 포기할 필요를 인식한, 스토아학파(Stoic)의 자연주의조차도 이런 질서가 궁극적으로 현명한 세계 질서의 신적인 의도를 구체화한다는 믿음에 의해 형성된다. 그러므로 초기 기독교의 교부들이 그들의 필요에 직면해서 태고의 지적으로 궤변화된 세계 안에 그들 자신을 철학적으로 채우는 데 착수한 것은 에피쿠로스학파가 아니라 스토아학파였다는 것은 놀랄 일이 아니다. 왜냐 하면 스토아주의는 세계의 개념을 요한 복음서의 첫 구절이 나타낸 것처럼, 에피쿠로스주의가 하지 않은 성서적 신의 세계 창조 행위와 충분히 일치될 수 있는 로고스를 구체화한 것으로 제시한다. 특별히 다윈주의자의 혁명 이래로 현대 과학의 세계관이 가장 체계적으로 포기한 것은 존재의 섭리주의에 대한 이러한 내적인 믿음이라고 나는 다시 한 번 강조한다. 홀로코스트의 사건에서 신의 섭리의 흔적이 부재함으로 그것이 기록된, 요나스의 신학에 대한 놀랄 만하게 대담한 특질은 선조 유대인과 기독교인의 신조의 섭리주의자적인 꿈의 파멸로부터 믿음의 가능성을 되찾는 그의 결정론의 기능에 있다.

나는 필수불가결하게 우주의 물리적 구조에 대한 요나스의 진술과 그의 신학적 고찰 사이를 중재하는 연관을 믿을 것이다. 그러한 간결함은 정당화될 것이다. 왜냐 하면, 그가 지적했듯이 그가 말한 많은 것은 그가 그의 생명의 철학과 인간학에서 이미 했던 관찰들을 요약한 것이기 때문이다. 그리고 우리는 이미 그것들에 관해 이전의 장들에서 말해왔다. 우리는 『물질, 정신 그리고 창조』의 논의의 명확함은 그것이 실제로 다음의 두 가지 목적에서 이러한 관찰들을 초월한다는 사실에 있다는 것이라고 말한다. — 즉, 두 가지 목적은 한편으로는 불활성 물질의 본질의 넓은 영역으로부터의 그것의 발생 배경에 반대해서 생명의 현상을 정초하는 것과 다른 한편으로는 여기에서 우리와 특별하게 관련한 것인 인간과 신의 연관에 대한 신학적인 문제에 대한 인간의 문제인 생명의 특별한 형태에 관한 그의 진술을 확장하는 것이다.

그의 논의의 중재적 단계에 관해 말할 필요가 있는 모든 것은 상대적으로 간단하게 기록되었다. 첫째는 어떤 우주발생론적 로고스의 개념 같은 가정도 물리적 우주 내에서 유기체화된 구조가 왜 발생하고 유지되는지를 설명하기 위해서 요구되지 않는다는 그의 관찰이다. 여기서 그의 논리는 간결하고 비록 표면적으로 동어반복이긴 하나 현대 물리학이 최초의 우주적 사건으로 묘사하는 원시적인 빅뱅의 목적 없는 무질서로부터 질서의 발생을 설명하기에 충분하다. "어떤 자연 내에서 본질적인 모든 질서의 기초는 보존의 법칙에 놓여 있다. 그러나 이러한 것들은 조절되어 왔다. 왜냐 하면 그 자체를 보존하는 것은 자기 보존적 실재이기 때문이다"(MM, 168). 다른 말로, 주어진 최초의 우주적 사건, 유지될 수 있는 그러한 결과들만이 실제로 그렇게 할 수 있다. "여기서 우리는 '적자생존'의 가장 원시적이고 기초적인 예를 얻는다. 질서는 무질서보다 더 성공적이다. 어떤 법칙과 규칙들을 갖지 않고 보존의 법칙에도 따르지 않는 것은 임의의 복잡성으로 존재할 수도 있었을 것이다. 그러나 그것은 덧없는 것으로 조만간 사라지고 규칙성을 갖는 것에 의해 지속된다. 법칙을 따르는 것은 남아 있는 모든 것을 구성한다"(MM, 168). 이것은 그들이 구성한 불활성 자연, 입자들, 원자들 그리고 화학적 복합물들과 더 큰 물체와 물체의 체계들 — 예를 들면 행성의 체계 — 의 질서잡힌 현상의 진보적인 발생과 유지를 설명하기에 충분하다. 그러한 현상은 영속적이지 않고 다만 오래 지속된다. 그리고 그들이 구성한 지속하는 구조는 우리가 그것을 보아온 것처럼 물리적 우주다. 그러한 우주가 존재하는 것은 어떤 신학적 원칙의 설명, 즉 간단히 창조적 무질서를 넘어선 우연 — 발생적인 질서의 지속도 요구하지 않는다.

그러면 생명이란 무엇인가? 여기서 요나스는 생명의 발생 그 자체의 문제와 내면성이나 주체성을 소유하여 생명의 질적 구분을 한 자신의 설명을 구별한다. 그를 흥미롭게 하는 것은 후자다. 그리고 나는 전자의 설명은, 내가 아는 다른 어떤 것보다 더 많이 만족스럽다고 생각하지 않는다. 간단하게, 그는 지상 위에서 그리고 우주 위에 다른 곳에서 생명의 발전을 고려한 때는, — 우리가 알지 못하는 것일지라도 — 생명의 새로운 속성들을 발생시키는 새로운 구조적 요소들을 소유한 복합물의 출현을 허용한 무질서의 결과로서 우연하게 그것이 발생했다고 말한다. 비록 자신들이 이것이 어떻게 일어날 수 있는가에 대해 더 만족할 만하게 진술할 수 있다고 믿는, 그리고 실험적인 상태 안에서 자신들이 자가 발생적인 유기적 형태의 원시적 발생을 재생산시킬 수 있다고 주장한 유기적 화학주의자가 있다고 할지라도 이러한 사실은 생명의 시작에 대해 우리가 말할 수 있는 모든 것을 더 깊이 숙고할 것이다. 내가 아는 한, 요나스는 『생물학적 공학』에 관한 그의 에세이에서, 윤리적 근거로 이러한 방식으로 "신에 기도함"의 위험에 대해 주의하는 것을 넘어선 그러한 노력들에 대해서는 아무것도 말하지 않는다(MM, 141-167).

우리는 다윈 이론만이 이미 충분하게 생명이 어떻게 그리고 왜 발전하는가 뿐만 아니라 어떻게 그것이 처음 발생하게 되었는가를 — 유기체 자체의 질적인 새로움을 설명하기에는 나에게 불충분해보이는 대답 — 설명한다는 것을 수용하지 않고 그러한 시도에 대한 불안을 공감한다. 그럼에도 불구하고, 그것이 여기서 가치 있는 것은 그가 말한 것 때문이다. 우연적이고 임의적인 사건들에 의해 "새로운 특성들(구조적 요소들)의 형성을 불러일으키기에 충분한 '무질서'가 선재(先在)한 물리적 우주 안에 있다. 그리고 기억할 만한 성공들은 완전한 구성 요소들에 의해 생존 기준을 선택하는 과정에 종속되어 있다. '이것은' 새로운 것과 더 높은 곳으로 이르는 게 요구된 '초월적 요소'이고 그것은 선정보 없이, 로고스 없이, 계획 없이, 노력 없이 그렇게 행한다. 그러나 오직 주어진 질서의 감수성에 의해서만 추가된 정보로서 그것에 가해진 주변의 무질서에 대한 '정보'를 암호화한다"(MM, 169).

이러한 문맥에 추가된 기록은 "자기 재생하는 DNA 연쇄 출현과 함께 생명을 위한 화학적 준비는 완결되고, 이제부터는 '정보 과학'은 생명의 발전을 위한 원리들이 될 것이라는 사실을 우리에게 언급한다"(MM, 210). 그것은 옳다. 그 정보 과학 없이 어떻게 원시적으로 DNA 연쇄가 스스로 생성되었는지 설명할 수 없다. 이것은 그러한 특별한 혼합물이 사실상 나타나야만 하는, 비록 아직은 가능하다 할지라도 통계상으로 일어날 것 같지 않은 우연에 기여하는 듯이 여겨진다. 실제로 이것은 그러하다. 그러나 그것은 설명이 아니고 확실히 다윈주의자의 설명이 아니다. 그것은 고려된 것에 의해 제공된 질서 잡힌 구조의 우연한 발전에 제공된 기회들 안에 내재하는 통계적인 가능성이다 .그러나 그것은 아직은 제2열역학 법칙의 연속된 작용으로 '열의 종식(heat death)'에 종속하는 우주의 무한하고 시간적인 지속이 아니다. 이것은 요나스 논의의 전체 맥락에서 중요하다. 이것은 생명 발생의 신비와 관련해서 다음 단계에서 그가 "주체성의 수수께끼"라 불렀던 생명체의 속성을 설명하기 위해서 도입한 합목적이고 신적인 신학적인 인관 관계다. 이것은 요나스 이론에서 약점이 아니고 수수께끼다.

이러한 숙고 가능성이 생명 주체성의 특징적이고 한정된 특성을 설명하는 것으로 도입된다 할지라도 왜 요나스가 그것을, 다윈에게 그것의 설명을 돌린 생명의 원시적 발생에 대한 이전의 문제로 부인했는가를 나는 알지 못한다. '이미 존재한' 생명의 역동성으로 다룬 그것의 이론은 어떤 설명적인 열쇠를 제공하지 않는다. "주체성의 수수께끼"는 — 만약 그것이 수수께끼라면 — 생명의 불가사의한 수수께끼다. 자연주의적 설명에 저항하는 후자가 아닌 전자의 수수께끼 같은 성질은 자의적이고 설명되지 않은 것으로 여겨진다. 그리고 다윈이 뚜렷한 합목적성의 주관적 속성이 아니라 생명의 기원을 설명할 수 있다는 주장은 나에게 명백히 잘못으로 여겨진다. 그러나 그 역도 참으로 여겨진다. 왜냐 하면 최소한도 유일하게 성공적인 유기체, 즉 인간의 하나의 형태에 의해서 그 자신의 주관적 목적의 소유에 의해 이른 합목적적 계획의 출현은 자연 선택의 다윈주의자적 원리의 견지에서 설명을 허용하는 반면, 원시적인 생명은 그렇지 않기 때문이다. 아직 발견되지 않은 것으로 자연적인 설명이 있으나 그것은 다윈이 제공한 설명이 아니다.

　이러한 반대는 인간 생물공학에 의해 새로운 생명 형태들의 창조가 관련된 행위자, 즉 인간은 계획을 고안해낼 수 있고 고안해내려는 본질적으로 합목적인 존재라는 사실의 견지에서 설명될 수 있다는 관찰에 의해 증강된다. 유사하게 원시적인 생명의 창조는 신학자들이 신이라고 부른, 창조 의지를 가진 동등하게 목적적인 존재의 선재(先在)를 미리 가정하는 것으로 여겨진다. 우연성의 결과로서 생명의 첫 번째 출현에 대한 양자택일적 설명은 화학 제품의 자유로운 결합의 결과로서 실험실 안의 새로운 생명 형태의 출현과 같다.

요나스는 원시적으로 현재의 우주발생론적 로고스의 견지에서, 그러한 과정이 설명될 수 있다는 견해를 거부한다. 그러나 그렇게 하는 그의 이유들은 불활성인 물질적 우주, 에너지화한 물질의 영역만이 그러한 내재적인 "2차 원리"가 실제로 존재한다고 가정하는 어떤 명증성도 주지 않는다는 사실과 초월적인 신의 창조 목적의 작용에 어떤 여지를 허용하는 그의 신학적 관심과 많은 관련이 있다. 그러나 만약 이것이 그러하다면, 어떻게 그리고 왜 생명 자체는 통계적으로 희박한 가능성의 발생을 넘어서 세계 존재의 역사 안에서 발생하는가를 말하기 어렵다. 확실히 다윈은 그것을 설명할 어떤 이유들도 내놓지 않았다. 양자택일적 가능성들은 신적인 내용이거나 다른 발견과 검증을 예기하는 우주적으로 내적인 원리 혹은 사건이다. 원칙적으로 양자는 가능하다. 요나스 입장의 편벽성은 그 어떤 것도 받아들이지 않는다. 대신에 그는 내가 이해할 수 있는 한 그 어떤 일도 제공하지 않는 다윈에게로 충분한 설명을 돌린다. 그럼에도 불구하고 요나스 진술로의 약한 귀속, 즉 시간을 넘어선 우연한 실행으로의 생명 발생의 귀속은 자연 선택 — 이미 존재하는 생명의 지배 원칙 — 에 대한 호소처럼 그것은 정도에서 벗어나지 않았다는 최소한의 장점을 갖고 있다.

나는 이 점에 대해 더 이상 거론하지 않을 것이다. 그것은 더 많은 영혼창조설의 형태를 가진 동료 신학자들 중 약간의 학자들의 과학적으로 받아들일 수 없는 반대들에 직면해서, 다윈의 업적을 올바르게 평가하길 원하는 요나스 이론에서의 편벽함이다.

이것은 아마도 이해될 것이다. 그러나 그것을 그것이 목적으로 하지 않고 논리적 원리와 존재론적 갈망으로 존재하는 생명의 영역에 한정함에 의해서 제공될 수 없는 설명에 공헌하도록 하는 것은 다윈의 평판에 도움이 되지 않는다. 그것은 더 이상 신학의 정당함에 도움이 되지 않는다. 그러나 만약 그것이 주체성의 합목적적 속성들을 설명하는 것이 가능하다고 언급될 수 있다면, 그것은 생명의 기원에 대한 설명에서 숙고적으로 언급될 수 있다. 언급될 필요가 있는 모든 것은 신의 목적이 후자가 아니라 전자에서 가능한 역할을 하도록 허용하는 것에 요나스가 일관성이 없다는 것이다. 그리고 그러한 것은 사변적인 신학에서 그의 모든 업적과 비교해볼 때 약간의 결함이다. 이러한 입장은, 비록 그것이 유대와 기독교 정통성에 대한 선조의 기준에 의해 이단으로 받아들여진다 할지라도, 요나스가 독일을 떠나려고 결심한 힘에 의해 생존하고 다가올 시대의 예견할 수 없는 도전에 직면한 공포스런 시대의 명백한 증거에도 불구하고, 신의 창조와 신의 선행을 믿을 가능성을 보존하는 장점을 갖는다.

우리가 믿음의 순교자로 죽은 사람에게 경건과 기억의 경의를 표하는 것은 종교가 우리에게 가르치는 것이고, 도덕적 감수성이 요구하는 것이다. 요나스에게 그의 신학에서 에티 힐레줌의 기억을 불러일으키게 하는 것은 동정심이 아니거나 또는 동정심만은 아니다. 그녀는 잘 알려진 안네 프랑크처럼 나치의 유대인 학살의 희생자로 죽었고 안네처럼 그녀의 짧은 생애의 마지막 사건들과 생각들을 살아남았던 사람들에게 생생하게 회상토록 해주는 저널을 남긴, 젊은 독일계 유대인 여자다. 실제로 나치의 종족

자극(racial motivation)이 주어지고, 살인자가 믿음이 있는 유대인이든지 믿음이 없는 유대인이든지를 가리지 않고 살해한, 그리고 가톨릭 교회에 의해 지금은 미화된 그들의 사제들의 믿음을 포기한 에디트 슈타인 같은 사람을 살해한 무차별한 방식이 주어진 홀로코스트의 경우에 적용된 종교적 순교의 개념은 어느 정도 잘못 알려져 있다. 우리가 다른 말을 필요로 하게 된 것과 이러한 요구에서, 비극적 경향이 있는 신조어인 '대량 학살(genocide)'은 ― 종족 살인 ― 역사적으로 가장 최근에 공포스럽게 모방할 수 있는 사건들의 매우 언어적이고 사법적인 이야기로 제공된다.

그러나 에티 힐레줌의 저널이, 그녀가 본의는 아니나 궁극적으로 어쩔 수 없이 희생자가 되었던 사건들을 신학적으로 궤변화된 숙고를 함으로써 형성되었다고 말하는 것은, 마음에 사무치는 가정에 대한 애착을 보여주는 안네 프랑크 일기에 반하는 어떤 것을 말하는 것이 아니다. 안네 프랑크와 에티 힐레줌의 공통의 인간성의 증거는 그들 각각의 저널들의 관심사와 관련하여 분명해진다. 어느 누구도 안네만큼 어린 소녀에게 에티 힐레줌이 할 수 있었던 것처럼 궁극적으로 성공하지 못한 은폐에 의해 발생한 흔치 않은 중압감 하에서 가정 생활의 일과를 묘사하는 것을 넘어서, 시대가 제기하고 있는 공포에 대한 신학적 함의를 숙고할 것을 기대하거나 요구할 수 없다.

이전에서 언급했듯이 요나스의 어머니는 에티 헬레줌처럼 아우슈비츠 ― 그것이 중부 유럽과 서부 유럽의 유대인들을 이주시킨 멸종 캠프였기 때문에, 그동안 상징적으로만 되어 왔던 그 이름 ― 에서 죽었다. 트레블링카(Treblinka), 소비버(Sobibor), 베와제

츠(Belzec) 그리고 우크라이나(Ukraina), 벨로루시(Belorussia), 발트해 연안 국가(Baltic States)의 대량 학살에서 죽은 동부 유럽의 희생자와 다르게, 아우슈비츠에서 죽은 자는 그들의 삶과 그들의 학살 장소를 기억할 수 있고 그리고 기꺼이 기억하려고 하는 친척, 친구와 후손들을 남겼다. 미카엘 노빅(Michael Novick)의 최근 저작『미국인의 기억에서의 홀로코스트(*The Holocaust in American Memory*)』에서 유용하게 회상되는 것처럼, 홀로코스트는 많은 의심스러운 신학을 불러일으켜 왔다. 그러나 이러한 점을 넘어서 홀로코스트는 다른 어떤 것보다 더 많은 것이 신과 인간의 연관에 대한 기초적인 재고를 유태 신학자뿐만 아니라 크리스천 신학자에게도 요구하는 사건이 되었다.

요나스는 이러한 재고에 기여한다. 그러나 그의 신학에 대한 나의 진술에서 내가 지적해왔듯이 그는 또한 전체적으로 신학적 계획에 공헌함으로써 그 이상의 더 많은 것을 행한다. 홀로코스트에서의 숙고는 — 본질적인 의미에서 그것이 어떤 본질적인 신학적 의미를 갖지 않는다는 의미에 관해서가 아니라 신과 인간의 존재의 분기적 신비함에 빛을 던져줄 때의 숙고적 중요성에 관한 — 그의 신학의 날카로운 칼날과도 같은 것이다. 그것은 존재론적으로 고통을 주나, 가장 강조적으로 전체에게 고통을 주지 않는 부분이다. 왜냐 하면 유태 신학자에게 관심을 갖도록 하는 홀로코스트가 있다면, 모든 합리적인 유대인은 칼 마르크스와 아서 쾨슬러처럼 독단적 무신론자이거나 아마도 악의 원리만으로서의 세계 창조자라는 후기 그노시스의 적이다.

로마 가톨릭에서와는 달리 유대교에서는 종교적 믿음의 독단적으로 필요한 조항을 규정하는 어떤 궁극적인 절대적 실체가 없다 — 교황도 없고 교회의 총회의(General Council of the Church)도 없다. 유대교의 종교적 정체성이 본질적으로 속해 있는 신의 단일성의 믿음에 대한 단순한 선언을 넘어서, 실천과 믿음의 그들의 분기적 실체를 가로질러, 크리스천의 다양한 종파들에 의해, 공유된 니케아 신경과 엄밀하게 동등한 것은 없다. 정통성을 지키는 유대인이 충실하게 지키는 다양한 의식과 가정적 실천에 반대하는 것으로서, 대신에 존재하는 것은 서로 논쟁적인 랍비들과 현인들에 의해 수세기 동안 형성되어왔고 『미슈나』와 『탈무드』에 기록되어온 다소간 권위적이고 전통적인 가르침이다. 이것이 아마도 이것만이 유대인의 믿음이 오로지 요구하고 있는 조항이다.

유대교에서 기독교가 소유하고 있는 것과 같은 그러한 신조에 가장 걸맞는 것은 모세 마이모니데스에 의해 중세에 형성된 믿음의 13개 조항 안에 포함되어 있다. 그리고 요나스가 "아우슈비츠 이후의 신개념"에서 말한 것처럼, 그것은 유대 교회당의 예배에서 낭송된다(MM, 141). 비록 위대한 17세기의 독일계 철학자인 베네딕트 혹은 바르크, 스피노자가 그렇게 선언했을지라도 이것은 그것이 이단적인 기도교인보다 이단적인 유대인이 되기가 더 어렵다는 것을 의미한다.

운 좋게 20세기 뉴욕에는 요나스가 그의 가르침에 의해서 죄를 짓게 할 사람에 대한, 17세기 암스테르담의 랍비 회의와 같은 회의는 없었다. 믿음의 13개 조약에 의해 판단하면 그의 신학은 정통성의 요구 조건에 어긋난다. 그리고 포괄적이지 않지만 많은 부분에서 그의 신학은 독단적이지 않지만 숭배적으로 선언된 전통에서 기술된 것으로, 전통적 유대인의 믿음의 항목으로부터 그의 고려된 일탈에까지 이르는 홀로코스트의 신학적 함축을 통해 생각하는 그의 시도다.

형성과 경향에서 요나스는 원초적으로 신학자보다도 오히려 철학자이고, 하이데거학파에서 교육받은 실존적 철학자다. 이것은 그의 원초적 목표가 언제나 특별한 종교적 믿음의 논리를 상술하기보다는 오히려 존재의 진리를 명료히 하는 것을 의미한다. 그의 신학은 그의 철학의 연장이고 그의 존재에 대한 인식의 함축이 수용된 믿음의 조항과 충돌할 때, 그것은 더 큰 무게가 있는 해석학적 통찰력을 요구한다. 그의 입장은 폴 리쾨르의 입장과 같지 않고 기독교를 믿는 철학자다. 한편으로 그의 철학과 그의 정치학과, 다른 한편으로 복음서의 메시지에 대한 그의 고려 사이의 연관을 쓰면서, 우리는 복음서로부터 정치학과 철학을 유추해낼 수 없고, 철학자로서의 그의 소명인 추론의 자율적 과정을 탐구하는 데에 그것의 메시지를 수행해야만 한다고 관찰한 철학자다. 복음에 대한 리쾨르의 태도를 평가하는 것은 토라아 마이모니데스의 믿음의 13조항에 대한 요나스의 태도를 평가한다. 그들은 이성의 불빛 안에서 비판적으로 전유될 것이나 그들은 그가 참으로 여기는 것을 구술하도록 허락될 수 없다.

그리고 이러한 맥락에서 반드시 해야 할 일이 있다. 나는 요나스의 신학을 포괄적으로는 아니나 많은 부분에서 홀로코스트의 신학적 함축을 통해서 생각하려는 그의 시도에 의해 안내되고 지향된 것으로 말했다. "포괄적으로가 아니라"는 문구에 의해

지시되는 성질은 그가 충실하려고 한 종교의 전유가 유대인의 존재에 대한 나치 맹습의 사건들에 의해서 뿐만 아니라 그가 인간과 세계에 대한 현대의 과학적 인식의 함축으로 택한 것에 대한 그의 인식에 의해 양질화된다는 사실을 언급한다. 그의 문제들이 생물학적이고 역사적으로 결정된 그 시대의 압력에 의해 결정되는 실존 철학자에서 이러한 두 가지 요소 — 홀로코스트에 대한 응답과 과학적 인식의 합리적인 전유, 이 둘은 동등하게 숙고된다 — 는 분리될 수 없다. 우리가 보아온 것처럼, 그의 형이상학과 그의 신학의 논리적 결론이 된 생명철학으로의 요나스의 전회는 유대인으로서의 그 자신의 삶이 특별하게 위협을 당했던 사건들에 대하여 언급할 필요를 느끼는 작용 자체다. 이것은 그의 유다이즘의 핵심 — 신의 통일성에 대한 그의 고백 — 은 손상되지 않은 채 남아 있는 반면에, 마이오니데스에 의해 선언된 믿음의 13개 조약은 완전하게 받아들여질 수 없다는 것을 의미한다. 그들 몇 개의 명제들은 이단의 고발에 대한 대가로 그들의 본질적 핵심은 유지되도록 하기 위해 요나스의 견해에서 포기된다.

"아우슈비츠 이후의 신개념"에서 그는 추론을 위해 이러한 믿음의 희생이 포함하는 것을 명료히 한다. 즉, "현재의 경험에 의해 결정적으로 고무된 추론에서 나는 일의 물리적 과정에 유대인이 간섭하지 않는 신의 사상을 한동안 — 진행된 세계 과정의 시간 — 마음에 간직한다. 유대인이 이집트로부터의 탈출을 기억하며 유월절 축제에서 암송하는 것과 같은 '힘센 손과 뻗은 팔로'가 아니라 그의 충족되지 않은 목표에 대한 소리 없이 계속되는 호소로 현세적 사건들에 의한 그의 존재에 영향을 주는 신의 사상을 마음속에 간직한다"(MM, 141).

요나스의 신학은 그의 백성들과의 성약, 그가 백성의 손 안에 넘겨줄 땅에 대한 약속, 그들이 어려움에 처했을 때 생존할 수 있도록 해준다는 계시의 보증과 함께 시작한 신을 지속적으로 믿는 유대인의 경험에 대한 고대 딜레마에 응답한다. 유대 역사에서 한순간의 승리와 반복된 패배의 경험이 또 다른, 이러한 보증 중 최선의 것은 종교적으로 안전한 것이다. 그 성약은 남아 있으나 많은 명백한 약속들이 신비하게도 말뿐인 것이 되었다. 땅은 정복되어 결과적으로 잃었고, 약 2000년의 박해를 받은 후 탈출하여 겨우 되찾았다. 그리고 아직 마이오니데스와 정통성의 소리에서 믿음의 통합은 믿음의 13개 조약 안에서 유지된다.

홀로코스트에서 신이 그의 백성을 명백히 포기한 데서 오는 여파로 요나스에게서 믿음의 딜레마는 심해졌고, 13조약은 역사의 불빛 안에서 믿을 수 있게 유지될 수 있는 것의 핵심에서 벗어나게 되었다. 정의에 대한 악의 모든 명백한 방문이, 몰아내어지지 않는다면, 합리적이고 선한 것의 궁극적인 역사적 승리에 의해 최소한 초월되고 다시 찾아진다는 헤겔의 보증을 언급하면서, 요나스는 "역사의 간계에 대해 나에게 말하지 말라"고 쓰고 있다. 숨겨진 종교의 목적을 경험하는 괴로움을 발견한 홀로코스트의 신학들은 요나스의 유대 종교적 관점에서는 불경스럽고 망상적이다. 그리고 여기서 요나스는 내가 생각하기에 기독교와 달리 속죄된 수난에 대한 교리를 전통적으로 거의 인정하지 않는 유대주의의 종교적 유산에 충실하다. 요나스에 따르면 역사, 즉 특별히 수난과 죽음의 역사는 신적인 기질로 그렇게 쉽게 다시 주조

되지 않는다. 속죄 진행, 즉 속죄의 진행의 궁극적인 긍정적 믿음의 첫 번째 형식에 대한 신의 궁극적인 승리를 믿는 자에 관한 한 헤겔에게 주어진 유대인의 믿음은 무엇인가? 또한 마이오니데스의 믿음의 13개 조약은 무엇인가?

확실히 이집트로부터 이스라엘 자손으로의 이주를 위해 홍해를 나눈 것은 그리고 여리고(Jericho)의 벽을 쓰러뜨린 것은 "힘센 손과 뻗친 팔"이 아니다. 그런 손은 바르샤바 유대인가(家)의 벽을 열지도 않았고 생존자들을 가스실의 죽음으로 내모는 철도를 깨부수지도 않았다. 결국 현세적인 용어로, 예언자로서가 아니라 전쟁에 참가하는 군인으로 요나스가 참가했던 이스라엘 존립을 위한 싸움에서 명증적으로 어떤 신의 간섭의 징표도 없었다. 그리고 '힘센 손'의 효능에 대한 믿음이 사라진 것처럼 "선한 자에게는 상을 주고 악한 자에게는 벌을 주는 신의 우주 지배에 대한 진술", 심지어 "메시아의 도래"에 대한 진술마저 사라졌다. 그러나 남아 있는 것은 "영혼의 부름, 예언가들과 율법의 감응, …… 선인 사상이다. 물리적 영역에서만 신의 중요성이 언급된다. 모든 신의 '단일성(omeness)'의 대부분은 남아 있고, 그것과 함께 '자 이스라엘이여' 세계 내에서 힘을 일으키고 얻는 사람의 마음으로부터 어떤 마니교의 이원론도 악을 설명하지 못한다. 거기서부터 실제로 자유를 허용함은 신의 힘을 포기함을 함축했다. 힘에 대한 우리의 논의는 이미 우리에게 신의 전능함을 부정하도록 한다"(MM, 141).

본질적으로 여기에 신이 세계를 존재하게 하고 인간에게 그의 신성한 목적을 수행하거나 그만두게 할 능력을 준 본질적으로 신의 행위로서의 창조에 대한 요나스의 신학이 있다. 이것이 인간은 신의 모상으로 창조되었고, 그 모상의 본질은 원시적으로 앞서 있었던 허공으로부터 세계를 존재하게 한 자유의 그림자의 소유라는 성서적 사상에 대한 요나스의 주해다. 요나스 신학의 핵심에 대해 숙고해보면, 세계를 존재하게 하는 데에 신은 그 자신의 존재를 위험에 빠뜨리지 않고 본질적으로 창조를 그 자신인 자율성의 일부로 인정함으로써 그의 목적을 성취한다. 나는, 요나스가 인용하고 "삶과 죽음에 대해 숙고하고, 외양을 부정하고 보이지 않는 것의 영역으로 그의 사상을 돌리는" 인간의 원시적인 인간의 성향과 연속성에, 그들이 철학자의 지속적인 숙고의 의무를 확정짓는다고 관찰한 것을 그가 받아들이는 에티 힐레줌의 일기로부터 몇 마디를 인용하면서 이 장을 끝마치려고 한다"(MM, 85). 그러한 철학과 신학은 존재의 신비함을 참으면서 사고의 영역을 증명될 수 있고 확신될 수 있는 것으로 국한시키고, 믿음의 영역을 유유자적한 도그마의 안락함으로 국한시키는 사람들을 만족시키지 못한다. 그렇지만 이것은 그들이 실존적 진리의 기준이고 우리가 더 말할 수 없는 것이다.

이것은 에티 힐레줌의 말들, 즉 그녀 자신의 적합지 않은 종결이나 이전에 했던 신학적 숙고들에 대해 적합한 결론이다. "나는 신이 나를 보낸 이 땅의 어떤 곳에도 갈 것이고, 나는 이미 모든 상황에서 준비되어 있고 …… 모든 것이 이러한 방식으로 판명된 것은 신의 잘못이 아니라 우리의 잘못이라는 것을 …… 내가 증거를 댈 때까지 …… 그리고 만약 신이 계속해서 나를 돕지 않는다면, 나는 신을 도와야만 한다. …… 나는, 오 신이여! 당신이 나를 용서하지 않고, 내가 처음부터 아무것도 장담할 수 없는 신을 도울 수 있다. 오직 이 하나의 사실만이 나에게 점점 더 명백해진다. 즉, 당신은 우리를 도울 수 없으나 우리는 당신을 도와야만 하고 그렇게 함으로써 우리는 궁극적으로 우리 자신을 도울 수 있다. 그것이야말로 가장 중요한 것이다. 즉, 우리 안에서 신을 구하는 것. 그렇다. 당신이 이러한 환경에서 많이 변화시킬 힘이 없을지라도 …… 나는 당신에게 어떤 답변을 요구하지 않는다. 그리고 모든 심장 고동과 함께 당신이 우리를 도울 수 없으나 우리가 당신을 도와야만 하며 우리 안에 당신의 지속적인 머무름을 지켜야만 한다는 것이 우리에게 점점 더 명백해진다"(MM, 192).

제 7 장
철학과 미래

1922년 5월에 한스 요나스는 뮌헨에서 "세기 종말에서의 철학 : 회고와 전망"이라는 강연을 했다. 부분 개정된 영어 번역판은 1994 년에 "사회과학연구소(the New School for Social Research)"의 저널인 『사회 탐구(Social Research)』의 이슈로 그가 죽은 후에 나왔다. 그 연구소에서 요나스는 1954년부터 그가 죽은 1993년까지 철학의 알빈 존슨 교수로서 가르쳤다. 이 강연은 그의 에세이 모음집인 『가사성과 도덕성』의 머리말로 출판되었다(MM, 41-55). 그 출판은 철학자의 저술들 중 가장 좋은 종합적 선집으로 남아 있는 것에 적합한 전주가 되었다. 거기서 그는 자신의 생애에 대한 개관과 그가 형성해온 지적인 환경에 대한 진술과 특이하게 인류가 이전만큼 요구하는 행위로서 철학의 미래 전망에 대하여 평가하고 있다.

키케로는 "오늘날 적절하게 해결할 수 없는 철학에는 많은 이슈들이 있다"라고 진술함으로써 그의 유명한 논문 『신들의 본성

(*The Nature of the Gods*)』을 시작했다. 약 2000년 후에 요나스는 위대한 로마의 웅변가와 사상가에 의해 처음 만들어졌던 것처럼 오늘날에도 남아 있는, 똑같은 '삼가 해서 말하기'를 반복함으로써 그의 강연을 잘 시작했어야 했을 것이다. 대신에 이러한 어리둥절하게 하는 사실이 그럴지도 모를 것이라는 약간의 본질적인 이유들을 말함으로써 시작했다. 그에 의하면, 철학은 다양한 자연과학들에 대조적으로 특수한 주체적인 물질도 갖지 않고, 그것 자신의 단일하게 입증된 방식도 갖지 않는다. 그리고 이것 혹은 저것의 실재 영역이 아니라 그 전체를 지배하는 것처럼 보이는 학설로부터 우리가 이성적으로 기대할지도 모르는 것에 의존하면서 그것의 약점 또는 강점으로써 보여질지도 모른다.

필수불가결하게, 요나스가 제공한 것 같은 철학의 현재 상태와 더 나아간 미래상의 조망은 저자의 개인적 경험과 전망을 숙고한다. 그리고 이것에 대해 요나스는 어떤 변명도 하지 않는다. 그가 제공했던 것은 한정된 영역에서 받아들여진 인식의 현재 상태의 색인이 아니라 철학의 결코 끝나지 않는 논의에의 더 많은 기여다. …… 개인적 본성에 대한 최근의 분석에서 참회 …… 현대 사상의 중요한 경향들, 특히 역사적으로 불완전한 앵글로아메리칸 분석철학이 배제된 참회다(MM, 42). 여기에서 그는 그의 생물학의 사건들뿐만 아니라 그가 교육받았고 그가 자신의 긴 경력을 통해 참이라 보았던 실존적이고 현상학적 자세의 철학적 원리를 숙고했다.

앞 장에서 지적했듯이, 요나스의 철학은 실존주의나 현상학에 의해 이해되는 전형적인 것은 아니다. 요나스는 그가 말했듯이 후설, 하이데거와 불트만 같은 스승들 아래서 교육받았다. 그러나 그의 사고는 그들의 사고와는 다른 방향을 따르며, 특별히 정평이 난 그의 스승들 중 각각이 다른 이유들에서만 비합리적으로 고려했던 형이상학적인 숙고의 형태들을 추구한다. 그럼에도 불구하고 내가 그의 젊었을 때의 스승들에게 요나스의 궁극적인 충실함에 대해 말한다면, 그것은 그의 표면적인 일탈에도 불구하고 그의 저서가 의식의 — 지향적 대상들의 — 현상에 대한 기술적 분석에 참이 있다는 후설적인 결정에 의해, 그리고 하이데거가 그에게 순수한 철학이 무엇인지에 대해 가르쳤던 것처럼, 그의 모든 가사적 존재에 대한 실존적 압력 안에 정박한 그럴 듯한 구조에 의해 기록되었다.

오늘날에는 그들의 방식에 충실한 후설적이고 하이데거적인 사고의 알려진 많은 학자들이 있다. 그들은 이러한 스승들의 논의들을 조심스럽게 따르고, 그러나 그렇게 함으로써 그들의 언급된 내용에 대한 시야 — 인간 경험 자체의 지평을 — 를 잃은 반면에 그들의 모델들의 언어적 형태를 반복한다. 결과는 분석학파의 산물들 중 구체화되지 않은 학술어만큼 철학을 과학의 학설이나 일상 생활의 관심사로부터 제거하고, 그래서 그것을 부적절하게 많은 저작 — 남용된 언어의 가장 나쁜 의미에서 스콜라적인 — 이 있다. 후설의 모토인 "사태 자체로"는 매우 많은 현상학자들의 저술들이 추상적으로 기술적인, 서로 다른 문학 작품을 앞뒤로 언급한 맥락에서 이상하게도 아이러니컬한 반향을 나중에 받는다. 그리고 하이데거에 관한 한, 그가 그것을 잘 알았기 때문에 그가 그 자신을 자유롭게 할 수 있었던 형이상학과 존재의 문제에 대한 서양 전통과 명백히 무관한 것에 관한 언급을 넘어서 그의 제자들 중 몇몇에 대하여 더 적게 말할수록 좋다.

이런 것들과 비교해보면, 요나스의 저서는 철학적인 신선한 공기의 호흡, 생명의 구체적인 문제와의 명백한 관심, 매우 많은 최근의 학문적인 문헌의 난해하고 일시적으로 편협한 문맥에서 이례적인, 문체적이고 지성적인 능력을 나타낸다. 그의 삶의 경험을 상세히 씀으로써 현대 기술과 과학의 가파른 진보들에 의해 제기된 실제적이고 윤리적 문제들에 관한 그의 사고는 그 자신의 시대를 넘어서 인간이 지속해야만 하는 것을 그가 근심해야만 한다는 것만을 알았던 미래로 이른다.

그것은 이런 상호 설명할 수 있는 도덕과 형이상학적 지향 ― 동기에서는 도덕적이거나 윤리적이고 그것의 인식 범주에서는 형이상학적이거나 존재론적인 ― 이다. 이것은 1985년에 요나스가 쓴 에세이인 "미래를 위한 윤리학의 존재론적 근거에 대하여"(MM, 99-112)라는 제목에 의해 강조되었고, 이것은 『책임의 명법』의 많은 논의를 요약하였다. 여기서의 논의는 인간의 최초의 목표는 도덕적 존재로서의 그 자신의 생존임에 틀림없고 이러한 생존은 그가 그 자신이 의존한 본성의 통합을 보존하려는 근심에 의존한다. ― 본성은 그 전과는 달리 인간 간섭에 저항하거나 통과할 수 없게 재생시키는 그 자신의 유전적 구조와 내적인 본성의 능력을 포함하는 잠재적으로 치명적인 전복에 종속한다. 이것 안에 불편한 함축으로, 그의 신학적 숙고가 그의 인간학의 통찰력을 확장시킨 방식과 어느 정도 유사한 방식으로 요나스의 윤리적 고려들을 확장시킨 명백한 정치학 ― 인간 생존의 정치학 ―

이 있다.

왜냐 하면 그의 사고의 정치적 차원은 그의 사고의 다른 관점들보다도 덜 발전된 반면에 그의 사고의 통합의 본질적인 면이기 때문이다. 그럼에도 불구하고, 나는 이 정치학이 함축한 듯이 보이는 것에 관한 어떤 기록과 함께, 요나스 철학의 이러한 간단한 진술을 마치려고 한다. 그러나 그렇게 하기 전에 나는 그가 후설과 하이데거의 실례에 신세지고 있는 것에 관한 회고적인 숙고에 대해 언급함으로써, 어떻게 이러한 정치학이 단일하고 합리적이고 정합적이고 포괄적인 철학적 전망 안에 그의 두 사람의 위대한 철학적 조언자의 가르침을 요나스가 나름대로 자기 것으로 소화시키고 수정하고 확장시킨 방식으로부터 어떻게 논리적으로 흘러나오게 되었는가를 보여주고 싶다. 그의 짧은 인생 동안 그 자신의 논리적 발전의 견지에서 그리고 그것이 획득한 것보다는 더 주의할 가치가 있는 획득된 체계로서 요나스 자신의 사고의 통합의 완전한 모습에 우리가 도달할 것이다. 이것만이 이 책이 시작했던 우리 시대의 뛰어난 실제적인 사상가로서 요나스가 예를 든 중요성에 대한 대담한 주장을 정당화할 것이다.

여기서의 이 요점은 형이상학이 그의 가장 일반적인 실재의 인식을 명료히 하는 인간의 이론이성의 최고의 표현인 것처럼, 정치학은 생존과 안녕에 대한 조건들이 확신될 수 있는 뛰어난 실천 학문이라는 아리스토텔레스적인 요점이다. 존재론적으로 근거지워진 윤리학과 형이상학적으로 형성된 정치학은 시대의 요구들에 대답할 수 있고, 이것이 요나스가 제공한 것이다. — 확실히 건전한 정책이 기계적으로 유추될 수 있는 실증주의적 체계 안에서가 아니라 미래 실천이 고려한 숙고의 영역을 지적함으로써 제공한 것이다.

후설주의자적인 특성은 첫째로 요나스의 사고 안에서 발전되었다. 18세이던 1921년에 요나스는 철학을 공부하기 위해 프라이부르그대학에 갔다. "이미 노인이 된 후설"은 그가 만났던 영향력 있는 사람이었다. 후설이 가르쳤던 현상학적 방법의 본질은, 철학이 가설적인 인과적 설명에 의해서가 아니라 의식의 대상들에 대한 순수 기술로 시작함에 의해서만 엄밀한 학문의 위상을 획득할 수 있다는 것이다. 후설 자신에게 이러한 계획은 그런 대상들이 실제로 존재했고, 그래서 원칙상 형이상학적으로 중성적인지 어떤지에 대한 모든 문제들로부터 기술의 임무를 추상화하는 것을 포함한다. 이것은 그의 많은 제자들에게 후설 자신의 스승인 가톨릭 철학자 브렌타노가 했던 것처럼 자율적인 형이상학적 실재를 그 대상에 부여하는 것을 보증하는 것으로 생각하도록 했다. 그리고 요나스는 후설이 엄격하게 기술적인 방법을 드러냄은 ― 거기서 의식 대상의 객관적인 속성인, '노에마'적 성질은 그들이 기술적으로 드러낸 '노에시스'적 과정과 구별된다. ― 그의 많은 제자들은 종교로 향하도록 이끌었다는 역사적 사실을 지적한다.

요나스는 의식적으로 맞닥뜨려진 대상들의 자율적 속성의 수용이 자연적인 신학적 실재론의 결과에 이른 것처럼, 후설적인 방법을 드러냄이 그들 자신의 신에 대한 가톨릭적 믿음으로의 전환으로 이끈 두 인물로 막스 셸러와 에디트 슈타인을 예로 든다. 다른 경우로는 종교적 내용은 없고 강조적으로 그것에 대해 존재론적이고 체계적인 자연주의적 실재론의 발전으로 이른 니콜라이 하르트만을 들 수 있다. 이 둘의 모든 단계들은 후설의 견해로는, 의식 대상의 '노에마'적 속성들의 드러냄은 그러한 대상이 그들이 규정되고 드러난 의식에 독립적으로 존재하는지 어떤지를 판단할 어떤 보증도 해주지 않는다는 사실에 의해서, 후설에게는 철학적으로 비합법적인 것으로 여겨졌다. 그리고 이것은 잘 알려진 것처럼 후설을 존재론적 실재론이 아니라 선험적 관념론으로 정초시킨다. 이 선험적 관념론은 학문적인 대상의 상태를 개인적인 자아(ego)와 반대되는 것으로 선험적인 것의 작용과 연관된 필요한 대상적인 것으로 동일화한다. 후설로 하여금 19세기의 사변적이고 가설적인 사고의 행로에 대항해서 철학을 의식의 주어진 내용에 대한 엄밀하고 기술적인 학문으로 만드는 것은 역설적으로 결단력이었다는 것을 요나스에 의해 기록된 것을 넘어서, 많은 것이 그의 최초의 기술적 방법의 실재적 함축에 의존한다는 것과는 상반되게, 이런 결론에 이르게 한 추론을 해석하는 것이 우리의 목표는 아니다.

요나스는 그의 이상주의자의 길을 따라가지 않고 그로부터 현상학의 기술적인 방법을 배운, 많은 후설의 제자 중 한 명이었다. 이것은 그에게 의식이 규정한 물체의 합리적인 상태를 고려함이 없이, 순수 의식의 상관자로 후설의 인위적인 대상 한정의 결과로 여겨진다. 우리의 '육체'의 존재는 — 즉, 주체의 존재 혹은 비존재 안에서 위험에 처해 있는 것 — 어떠한가 하고 나는 물었다. 자료를 빼앗기지 않고 실제 내용이 묘사된 '의식의 자료'로 우리는 그것을 잘 축소할 수 있는가?(MM, 43)

하이데거의 『존재와 시간』의 영향이 의식적인 자아의 원래의 위치가 그 자신의 존재, 즉 '현존재(Dasein)'와 관련된 세계에 관여하는 자아였다는 것을 보여주는 데 있다는 것은 이러한 의심 위에 있었다. 그리고 우리가 보아온 것처럼 '현존재(Dasein)'에 대한 하이데거의 존재론은 인간 존재에 대한 진술을 "우리들의 물리적이고 생물학적인 진화의 증거"에서 분리시킴으로써 제한성을 갖는 것으로 요나스에게 생각되었다(MM, 48). 하이데거는 순수 의식에 대한 후설의 강조에 대항해서 존재의 문제와 관련된 것, 즉 존재론을 주장했다. 결국 수수께끼를 내놓은 물질적 기초에 관련하는 대신에 그가 "존재(das Seyn)" ─ 고대 철자로 'Being'이란 독일 단어 ─ 라고 부른 고차원적으로 정신적 본질(entity)을 결정하는 것으로 호소했다. 육체에 관한 그의 이전의 조망에서처럼 이것은 존재의 문제가 현존재와 자연 사이의 상호 관련 ─ 비록 이것이 그때 아직 인식되지 않았을지라도 바로 이 순간에, 새롭고 비판적인 상태로 들어가는 관련 ─ 에 대한 고려라고 하는 대단한 영향을 상정하지 않았음을 의미한다.

요나스가 언급한 "새롭고 비판적인 상태"는 '현존재(Dasein)'의 존재론이 관련되었다고 주장하는 존재에 대한 위협이다. 이런 위협은, 첫째로 국가사회주의에 의해 개인적 존재의 세계 위해서 행해진 폭력에 의해서이고, 둘째로 하이데거가 말은 많이 했으나 그가 합리적 해결을 ─ 그의 후기 사상에서 그가 정치적 참여로부터 존재의 새로운 분배에 대한 반신화적인 기대로 철회한 것으로 ─ 제공하지 않은 그것의 규칙에 대해서 말한 현세적 기술공학의 영향에 의해서다. 요나스의 책임의 윤리는 하이데거 사상

속에서의 이러한 실제적 공백을 치료하기 위한 시도라고 할 수 있다. 요나스의 유기체의 철학은 실존주의의 추상적으로 정신적인 성질을 구체화하는 시도다. 즉, 추상적으로 정신적인 성질을 띠는 실존주의는 육체의 생존에 대한 유기체의 경향성에 대한 실존주의적 관심이라는 물질적이고 육체적인 정초와 인간이라는 특수한 경우에서 자신의 운명을 결정하도록 해주는 도덕적 존재로서의 영속성을 보장해주는 윤리적 명법에 대한 인식을 하지 못한다.

유기체 철학, 인간이 있는 특별한 유기체의 인간학 그리고 책임 윤리학은 '현존재(Dasein)' — 세계 내에서의 인간의 정초된 존재 — 의 하이데거의 기초 존재론이 이론적이고 실천적인 결핍을 치료하는 요나스의 체계적인 시도 안에 세 가지의 연속적인 단계다. 내가 제시하길, 네 번째의 것은 인간 생존의 명백한 정치학이다. 그의 평생 친구이자 동료인 한나 아렌트와 하이데거의 유대인 제자 또는 그 일에 대한 레오 스트라우스와 달리 요나스는 결코 원초적으로 정치적 철학자가 아니라 정치학에 대한 철학자였다. 비록 단편적이긴 하나 그가 그의 존재론과 그의 윤리학의 정치적 함축에 대해 말한 것은 그의 저서에 대한 전체적 진술의 본질적 국면이다. 특별하게 우리가 미래에 직면한 정치적 딜레마에 대한 명백한 진술에서 그는 우리의 정치적으로 허용된 민주적 시대가 빠져나가길 좋아하는 기초적 문제를 제시하기 때문이다. 내가 이 책을 끝내려고 하는 것은 정치적 인간학의 미래 저서를 위해 그것이 제시한 인간 실천을 위한 더 나아간 함축을 발전시키는 임무를 남겨둔 이 필수적으로 불편한 기록에서다.

'정치학(politics)'이라는 단어는 도시국가, 즉 '폴리스(polis)'에 대한 그리스 용어에서 나온다. 결과적으로 행위의 영역으로 정치학의 영역 — 아리스토텔레스적인 용어로 실천 학문 — 은 인간이 제도적으로 책임을 진 존재의 영역과 동일한 시간에 퍼진다. 그리고 이것은 우리 시대에 그의 생존이 의존한 그리고 지금 그의 판단의 실행에 의존한 자연의 영역을 에워싼 이전보다 더 확장된다. 여기서 다시 요나스가 『책임의 명법』에서 말한 것을 회상해보자. "'도시'와 '자연' 사이의 경계는 없어졌다. 즉, 비인간화된 세계에서 사는 인간의 도시는 전체 현세적 자연으로 퍼졌고, 그것의 자리를 빼앗았다. 인공적인 것과 자연적인 것 사이의 차이는 사라졌고, 자연은 인공적인 것의 영역 안으로 삼켜졌다. 동시에 모든 인공적인 것은 그것 자신의 '본성', 즉 인간 자유가 완전히 새로운 의미로 대항해온 필연성을 발생시킨다. …… 이슈는 결코 전체 도시가 제공해야만 하는 법률의 범위 안으로 들어가기 전에 합법화되지 않고, 그래서 인간의 발생이 나타날 세계가 될 것이다"(IR, 10). 동시에 우리 자신의 운명을 조절하고, 유전적 조작을 통해 우리의 본성을 수정할 인간의 능력의 확장은 공포에 의해 어떤 명법으로 자유민주주의의 정치적 윤리가 그것이 대중적 요구의 압력에 종속될지라도 대항하기 어려운 새로운 기대를 생기게 한다. 여기에 미래의 정치학이 필수적으로 다루어야 할 본질적 절박함이 있다.

요나스가 1985년에 이러한 이슈들에 대해 논했을 때, 그는 이러한 절박함이 나타난 인간 존재를 잠재적으로 위협하는 두 개의 영역을 지적했다. 이 둘은 모두 그가 "현대 거대 기술공학" —

기술공학적 행위자가 확장시킨 존재론적 수준에 주어진, 선전적 내용보다도 아마 더 많다는 문구 ─ 이라 불렸던 것에 뿌리박고 있다. 현대의 "거대 기술공학"을 이전 시대의 특징화된 기술공학과 구별시키는 것은 이전 기술공학이 현재의 생활을 끝나게 할 가능성을, 짧게는 윤리적으로 정통한 선택을 할 수 있는 도덕적 존재로서 인간의 미래 존속을 구체화시킨다는 사실에서 발생하는 존재론적 구분이다. 소련의 붕괴의 결과로서 냉전이라는 공포의 균형이 깨지면서, 지구적 파괴의 위협과는 달리 그것의 촉진이 그 자체로 표면상으로는 좋은 동기들의 결과일 수 있기 때문에 후자는 전자보다 더 위협적이며 급박한 위협이다.

이런 것들 중에서 요나스는 특별히 우리 자연의 유전학적 개조와 인간과 그가 의존한 생물권 사이의 생태학상의 균형의 동요 안에 내재된 위험들을 지적한다. 현대 기술공학의 능력 안에 이미 존재하는 이런 것들의 각각이 어떻게 인간 복지의 대재난의 결과로 선한 인정이 있는 추론에 대해 확장될 수 있는가를 상상하는 것은 어렵지 않다. 지구 온난화의 잘 입증된 현상은 세계의 더 기술공학적으로 발전된 부분들 내에서 나머지 인류가 공유할 매우 바람직한 안락함의 추구 과정을 따라 우리가 얼마나 멀리 여행했는가 하는 증후군이다.

그리고 이것은 생물공학의 가능성의 발전과 함께, 인간의 내적 형식의 ─ 본질 ─ 함축으로 가득 찬 문제의 외재적이고 환경적인 특성이다. 그 길을 따른 각각의 단계는 인류의 특별하고 부분적인 관심을 제공하는 것으로 정당화될 수 있으나 모든 것의 결론은 비참할 것이다.

이것은 요나스가 그가 "공포의 발견술"이라 — 우리의 가장 잘 의도된 행위의 가장 나쁜 결과들의 가능성을 스스로 교육하려는, 그리고 그들이 일으키는 공포에 의해 안내되는 기꺼이 하기 — 부른 것의 필요를 강조하는 이유가 된다. 만약 이것이 균형 잡히지 않은 견해라면, 실제로 그것이 행한 것은 단지 오랜 기간의 결과를 예견할 수 없는 기술공학의 혁신적 필요와 동력에 의해 유추된 정치학의 내재적으로 동요하는 결과들에 대하여 맞서는 것임을 우리가 고려해야 한다.

이러한 고려에는 명료한 어떤 것도 없다. 서양인들은 인간과 세계의 유전학적 합성으로 인한 절박한 생태학적 재난의 예측과 "신에 대한 도전"에 대한 경고를 하곤 했다. 실제로 그러한 목소리들에의 분별력 없는 과잉 관심이 기술공학, 과학 그리고 심지어 이성 자체를 성장시킨다는 증가된 징표들이 있다. 소위 많은 신세대 문학은 반계몽주의자의 자연신비주의로 더렵혀지고, 현대성이라는 선물 또는 짐에 대한 순수한 책임이라고 여겨지는 동양 사상의 위대한 지혜를 선택적으로 빌려옴으로써 장식된다. 그렇지만 요나스의 목소리는 그러한 목소리가 아니다. 그의 경고는 일시적이나 치명적이지 않고, 그가 제시하는 치료들은 바람직하지도 가능하지도 않은 서양의 이성과 과학을 포기하는 것이 아니라, 그것이 지금 고려해야만 하는 이슈들의 범주에서만 새로운 아리스토텔레스적인 실천철학이라는 논리의 회복 속에서의 그것의 연장이다.

이러한 고려들은 기술공학적 시대에 책임의 윤리를 유지하고 그의 정치적 고려들도 잘 유지한다. 여기서 그가 인식한 것처럼 그의 숙고들은 본질적으로 교란될 뿐 아니라 미래의 인간 생존과 정체성이 확신된다면, 필수적으로 될 과학적 탐구와 정치적 실천의 자유를 억제하는 문제에 대한 잘못된 해석에 영향을 받기 쉽다. 왜냐 하면 그의 숙고들이 제기하고 있는 것은 한편으로는 우리가 의존하는 지구 자원들의 내적인 한계들이고, 다른 한편으로는 위험에 빠뜨리는 실험에 우리의 본질적 인간성에 취약하기 때문이다.

요나스가 이러한 이슈들을 논의한 "미래를 위한 윤리학의 존재론적 근거에 대하여" 내의 페이지들은 그가 쓴 가장 불쾌한 것 가운데에 있다. 동시에 그 것들은 가장 중요한 것들 가운데에 있다. 선택 가능한 — 그리고 요나스의 사고처럼 신의 모상 안에서 — 자유롭고 그래서 도덕적 인간으로 우리 미래를 확실하게 해주는 중요한 도덕적 신념뿐만 아니라 그러한 임무가 잠재적으로 수반할지도 모르는 것에 대한 예상으로 가득 찬 사고의 통합을 시험한다. 나는 그것이 요나스의 기억에 올바르지도 않고, 그가 말한 것으로부터 알게 되는 우리의 능력에 도움이 되지 않기 때문에 그가 우리에게 고려하게끔 한 "가장 나쁜 경우의 시나리오"는 변화할 수도 있는 인간 행위자의 견고하지 못한 창조와 잘못된 것일 수도 있는 인식의 선함과 합리성에 기반하고 있다는 사실을 무시하는 것을 잠재적으로 강조한다. 그리고 이러한 믿음에서 그노시스적인 것은 없으나 우리가 만든 모상인 신의 자유의 부분이 우리 안에 있다는 것만이 아니라 정통하지만 반종교적인 인식이 있다.

요나스의 자유의 문제에 대한 논의는 존재론적이고 정치적이다. 실제로 개인적인 자유가 어떤 방식 안에 있고, 어느 정도 규제되고 한정된 보편적이고 제도적인 요구는 어느 정도 존재론적 자유에 대한 인간의 소유의 단순한 결과다. 자유롭지 않은 존재와 자동 인형의 사회는 어떠한 규칙도 요구하지 않는다. 왜냐하면 그것의 질서는 자율적이기 때문이다. 그러나 요나스의 초점은 그가 전체로서의 동물의 생명을 원초적으로 유지하는 자유의 인간학적으로 특수한 형태로서 간주한 인간의 정치적 자유의 문제에 관해서가 아니라, 그런 자유의 가능성의 확장이 인간 생존이 위험에 처할 어떤 지점에 이른 특별한 역사적 위치에 관해서다. 그리고 이러한 책임의 명법 — 그의 윤리를 통제할 정언 명법 — 은 허락될 수 없다. 자유와 생존 사이의 선택에 직면해서, 그 자신을 위해서가 아니라 미래에 자유로운 인간 존재를 존속시키기 위해서 우선해야 하는 것은 생존이다. 이러한 계산이 서면 "전제 정치는 모든 파괴보다 더 낫다." 이러한 절박한 전망은 미래에 더 철저하게 규정되는 기준을 현재에 규정함으로써 다른 데로 돌려질 수 있고, 돌려져야만 한다는 것을 진술하는 반면에 요나스는 윤리적으로 이것을 받아들인다.

요나스가 여기서 말한 것 안에 다음과 같은 구분과 함께 홉스의 메아리가 있다. 즉, 홉스가 절대 주권자에 대한 개인적 자유의 인도를 "만인에 대한 만인의 투쟁"의 보편적인 파괴에 참여하는 인간의 경향을 수반하는 영속적인 필요성으로 보는 반면에, 요나스는 그것을 인간의 행위와 인간 자신의 생존이 의존하고 있는 본성 사이의 역사적으로 특수한 균형 잡히지 않고 조절할 수 없는 잠재력에 의해서만 요구되는 피할 수 있는 가능성으로 간주한다. 홉스가 우리에게 받아들이도록 강요하는 인간학적 명법이라는 것은 요나스에게서 그가 우리에게 피하라고 경고하는 — 마지막 휴식의 준비 — 생태학적으로 정당화된 가능성이다. 그러므로 전제 정치가 멸종시키는 데 좋은 것이라 할 지라도 그것은 "가장 나쁜 경우의 시나리오"이고, 세계 역사의 어떤 특별한 순간에 그것이 발생하지 못하도록 하는 것이 책임의 가장 우선된 과제다. 이것은 현재에 자유롭게 행위하는 데에서 그러므로 책임을 가정할 미래 세대의 능력을 가능한 한 보존함으로써 부족하게 될지 모르는 자유에 대한 미래 세대의 압박을 다른 데로 돌리게 하기 위한 책임의 명법의 한 부분에 있는 가장 고상한 의무들 중의 하나다. 그러나 이것보다 더 많은 것이 포함되어 있다. 철학적 '근거' 없이 우리 인간 존재가 한 부분이고 인간이 공손하게 고개를 숙이기 전에 지구의 완전한 창조의 기적의 보존은 위태롭다(MM, 112).

아마도 여기서 '경이로움'은 신학적인 '기적'보다 오히려 요나스의 창조의 특성을 더 잘 표현해주고 있다. 어느 쪽으로 해도 고대의 세계관을 암시하는 우주적 신성의 강조는 명백하다. 그러나 이것은 잠재적으로 분열된 인간 행위의 양적으로 새로운 확장에 의해, 그리고 그것의 미래에 대한 정당한 책임이 아니라 신성한 창조자의 진실된 모상이라고 입증된 창조의 집사로서 인간이 차지한 특수한 입장에 대한 유대 크리스천의 인식에 의해 제기된 자연에 대한 위협이라는 계산에 의해 형성된 동정심이다. 요나스는 생태학적으로 지향된 철학자이나 로렌스 보겔의 말에 의하면 "생명의 평등주의자"다. 자연에 대한 우리의 의무는 구분할 수 있게 우리 자신에게만 의존하는 것이 아니라 원초적으로 우리 자신에게 의존한다. 그리고 이것은 그의 윤리 이론이 부분적으로 지향한 것에 대항해서, 인간을 희생하여 존재에 대한 하이데거의 찬양의 운명론만큼, 『물질, 정신 그리고 창조』에서 비판된 우주론적 로고스라는 개념의 해석자로 예시화된 것으로 그가 본 자연 신화론의 경향과 요나스를 격리시킨다. 창조에 대한 요나스의 숭배를 결정한 자유에 초점을 맞춘 것만큼 합리성도 있다. 그리고 이것은 그가 그의 원초적 조언자로부터 나왔고, 실천철학의 아리스토텔레스적인 유산의 새롭고 회복적인 것으로써 내가 특징화해온 것으로 그를 이끄는 존재론적 유산으로 그의 모든 투사를 형태짓는, 전체적으로 합리적인 형식을 숙고한다. 이러한 회복은 이성의 주장의 포기를 포함하지 않고 인간의 유한성과 자유를 지속하는 것에 대한 합리적인 진술 속에서, 정치적 욕구들을 포함한 그 시대의 욕구들을 포함하는 연장을 포함한다.

나는 믿는다. 바로 이것이 요나스를 중요한 인물로 만들고, 만약 그것이 실험적 기술공학의 맹목적 분배나 기회로 더 이상 남겨질 수 없는 인간 생존의 명법 내에서의 미래의 도전에 적절하게 도전하는 것이라면, 그러한 회복을 요구하는 시대에 내가 그를 택하게 한다. 나는 20세기 사상에서 미카엘 오크소트(Michael Oakshott)가 인류의 "지속된 보존"이라고 부른 것 안에서 아직 살아 있는 목소리로 고려되는 철학의 주장을 그렇게 많이 존중하게 한 또 다른 인물을 알지 못한다. 그리고 그의 고려를 우리에게 가장 많이 관심을 갖게 한 영역들에 대해 그렇게 자세하고 확장해서 범위를 넓힌 사람을 알지 못한다. 만약 이 책이 시대의 격동 속에서 요나스의 목소리를 더 넓게 듣게 하는 어떤 것이라면, 그러면 최소한 그것의 목적은 충족된 것이다. 그리고 이것보다 더 많이, 주석자가 그렇게 하길 기대할 수는 없다. 그런 때가 올지 어떨지는 또 다른 문제다.

□ 옮긴이 / 심용만 ─────────────────

성균관대와 동 대학원 철학과를 졸업한 뒤 연세대 교육대학원(윤리 전공)을 졸업하였으며, 고려대 문과대학 철학과 박사 과정을 수료하였다. 주요 논문으로는 「후설에 있어서의 명증성 개념 고찰」, 「노직의 자유지상주의 정의론 비판」, 「기술공학 시대가 지향해야 할 생명철학」, 「헤겔과 요나스의 '미래' 개념」, 「요나스의 책임의 윤리 고찰」 등이 있다.

한스 요나스의 『사고의 통합』

─────────────────────

초판 1쇄 인쇄 / 2003년 4월 15일
초판 1쇄 발행 / 2003년 4월 20일

■

지은이 / 데이비드 J. 레이
옮긴이 / 심 용 만
펴낸이 / 전 춘 호
펴낸곳 / 철학과현실사
서울특별시 서초구 양재동 338의 10호
전화 579─5908∼9

■

등록일자 / 1987년 12월 15일(등록번호 : 제1─583호)

■

ISBN 89-7775-430-5 03160
*잘못된 책은 바꾸어 드립니다.
*옮긴이와의 협의에 따라 인지를 생략합니다.

─────────────────────

값 10,000원